N° 1

SOCIÉTÉ

L'ÉTUDE DE LA REPRÉSENTATION PROPORTIONNELLE

ÉTUDE

SUR LES

DÉBATS DU PARLEMENT ANGLAIS

RELATIFS A LA

REPRÉSENTATION

PROPORTIONNELLE

PAR

Auguste ARNAUNÉ
Docteur en droit

ET

André LEBON
Chef du Cabinet du Président du Sénat.

Extrait du Bulletin de la Société de Législation comparée

PARIS

—

JUILLET 1884.

SOCIÉTÉ
POUR
L'ÉTUDE DE LA REPRÉSENTATION PROPORTIONNELLE

ÉTUDE
SUR LES
DÉBATS DU PARLEMENT ANGLAIS
RELATIFS A LA

REPRÉSENTATION
PROPORTIONNELLE

PAR

Auguste ARNAUNÉ
Docteur en droit

ET

André LEBON
Chef du Cabinet du Président du Sénat.

Extrait du Bulletin de la Société de Législation comparée

PARIS
—
JUILLET 1884.

ÉTUDE

SUR LES

DÉBATS DU PARLEMENT ANGLAIS

RELATIFS A LA

REPRÉSENTATION

PROPORTIONNELLE

La théorie de la représentation des minorités ou de la représentation proportionnelle a été plus d'une fois développée et discutée en France, soit dans les débats du Parlement, soit dans les écrits des publicistes. Il nous a semblé intéressant de montrer comment, dans d'autres pays, cette même question est née, sous quelle forme elle s'est produite, comment elle a été résolue ou pour quelles raisons elle a été écartée.

L'Angleterre prend naturellement place au premier rang de nos études. Sa vieille expérience des libertés parlementaires, sa manière toute pratique, et parfois terre à terre, de poser les problèmes et d'en dénouer les difficultés, donnent une importance et une saveur toute particulières à l'analyse des débats que cette question a suscités dans le Parlement britannique.

Une chose frappe d'abord dans ces débats. La préoccupation dominante en Angleterre est de faire avant tout du Parlement ou des assemblées locales des « machines » assurant la prompte et bonne exécution de la besogne qui leur incombe. On ne s'y astreint point à en construire les organes d'après des formules abstraites, des principes absolus. Les circonscriptions électorales, par exemple, ne sont pas arrêtées suivant une règle uniforme : les unes, bénéficiant d'une antique tradition, possèdent encore un droit de représentation parlementaire, alors que leur population ne semble plus en rapport avec l'importance de ce privilège, et que telle ville voisine, plus populeuse, n'a point de représentation distincte, mais est noyée dans le collège de comté. D'autres, de création récente, jouissent, il est vrai, d'une représentation plus nombreuse, mais le nombre de leurs députés n'est point déterminé par la seule considération de la population : leur richesse, leur industrie, leur importance intellectuelle entrent en ligne de compte.

Il est un autre point, difficilement accessible aux esprits élevés dans le milieu politique français, qui ne mérite pas moins l'attention. Dans toute assemblée, si restreinte que puisse sembler sa mission, les Anglais, unis sur la forme de leur gouvernement, ont à cœur d'assurer l'existence d'une opposition. Ils estiment, avec raison, qu'une majorité abandonnée à elle-même est nécessairement exposée à commettre des fautes, et que les avertissements et les conseils de ses adversaires lui sont aussi utiles que sa propre discipline. Mais, comme on pourra le constater par la suite, ils sont loin d'attacher une importance capitale à la nécessité d'assurer à cette minorité une représentation exactement proportionnelle au nombre de ses adhérents.

La représentation des minorités est en Angleterre une question récente. Sans doute, on pourrait citer une proposition de M. Praed, en 1831, une autre de lord Grey en 1836; mais ce sont là en quelque sorte des manifestations individuelles, et c'est seulement en 1854, mieux encore en 1867, que l'idée a pris corps et s'est introduite, partiellement, au moins, dans la législation. Est-elle destinée à recevoir, en Angleterre, une application plus générale? Il ne nous appartient pas de le préjuger. Actuellement, elle est dans cette condition défavorable que les membres les plus éminents du parti libéral, à commencer par M. Gladstone, comptent parmi les adversaires de son principe, et qu'elle n'a que partiellement l'appui des conservateurs qui, après l'avoir introduite dans la loi, n'y ont trouvé que des mécomptes.

Il importe encore, pour bien comprendre la suite de cette étude, de dégager une considération toute spéciale à l'Angleterre, qui a beaucoup influé sur certains partisans de la représentation des minorités. Plusieurs d'entre eux, en effet, ont déclaré qu'ils renonceraient aux divers systèmes inaugurés depuis 1867 le jour où l'élection se ferait, par toute la Grande-Bretagne, au scrutin uninominal dans des circonscriptions réparties également suivant la population.

Tel est le milieu moral et politique dans lequel s'est agitée la question qui nous occupe.

La question de la représentation des minorités s'est posée dans trois occasions : pour les élections parlementaires, pour celles des conseils scolaires et pour celles des aldermen. C'est dans cet ordre que nous exposerons les discussions du Parlement anglais.

I

ÉLECTIONS LÉGISLATIVES

On sait que les membres de la Chambre des communes sont élus par trois sortes de collèges : les universités, les comtés et les bourgs. Le collège de comté comprend, en principe, tous les électeurs, citadins ou ruraux. Exceptionnellement, certaines agglomérations urbaines, certaines universités en sont détachées et érigées en collèges électoraux distincts. Le comté est la règle, le droit commun; le bourg ou l'université, l'exception, le privilège. Les conditions de l'électorat varient suivant les collèges. Dans les universités, le grade tient lieu de cens. Dans les bourgs et dans les comtés un certain cens est requis. Mais le taux en est différent suivant qu'il s'agit d'un comté ou d'un bourg. C'est ici le lieu de signaler une disposition de l'acte de 1867 dont il est souvent question dans les débats que nous reproduisons. L'acte de 1867 élève à l'électorat, dans les bourgs, toutes les personnes qui occupent un logement indépendant (householders), pourvu qu'elles y soient imposées à la taxe des pauvres.

Bien que le principe incontesté de la constitution britannique soit que les membres de la Chambre des communes représentent des communautés, des corps organisés considérés comme des êtres distincts des électeurs qui les composent, le nombre des sièges attribués aux différents collèges est inégal. Il est tenu quelque compte, dans la distribution des sièges parlementaires, de l'importance que donnent à certains collèges leur population, surtout leur richesse, leur activité commerciale ou intellectuelle. C'est ainsi qu'un certain nombre de bourgs et de comtés nomment trois membres du Parlement, et que la cité de Londres en élit quatre.

C'est précisément à ces collèges « three-cornered » et à la cité de Londres que s'applique la clause des minorités de l'acte de 1867.

Dès avant 1867, deux efforts avaient été tentés dans le même sens, par M. Praed en 1831, dans la discussion du premier bill de réforme, et en 1851 par lord J. Russell. Le projet de réforme électorale présenté en 1854 par lord J. Russell, au nom du cabinet Aberdeen, contenait, en effet, une clause appliquant le système du vote limité dans ces collèges.

Dans les grandes cités, dans les comtés importants, disait lord J. Russell (1), il arrive parfois que le candidat élu ne l'emporte guère que de cent ou de cent cinquante voix sur le candidat malheureux dont le nom a réuni 2.000, 3.000, 4.000 suffrages. Un nombre considérable d'électeurs est ainsi privé de toute représentation. C'est de l'avis de tous les hommes d'expérience une cause d'irritation. Plus un collège électoral est nombreux, plus il est nécessaire que, par une sorte de compensation, les membres qu'il envoie à la Chambre des communes le représentent dans son ensemble, et l'ensemble d'une communauté n'est pas représenté d'une manière exacte, lorsqu'un groupe considérable est exclu du bénéfice de la représentation. — Enfin, la clause aura pour effet d'adoucir l'aigreur des luttes électorales.

Dans la discussion qui suivit le discours de lord John Russell, deux membres seulement M. J. G. Phillimore et M. Hume firent allusion à la clause des minorités. Le premier demanda ironiquement à lord J. Russell s'il était disposé à appliquer le principe du vote limité à la procédure parlementaire. Sur trois mesures, on en pourrait prendre deux du goût de la majorité, l'autre du goût de la minorité. M. Hume se borna à déclarer que les institutions de l'Angleterre reposent sur le principe des majorités, et qu'il serait fâcheux de porter atteinte à ce principe.

La session de 1854 se termina sans que le bill put être discuté. Aucun vote ne fut donc émis sur la question de la représentation des minorités.

En 1860, lord J. Russell saisit de nouveau la Chambre des communes d'un projet de réforme électorale; mais il ne renouvela point, dans cette circonstance, sa proposition relative à une représentation spéciale des minorités, parce qu'elle ne lui paraissait pas avoir l'appui de l'opinion publique (2).

(1) *Hansard's Parliam. deb.*, t. CXXX, col. 498 et suiv.
(2) *Hansard*, t. CXLVI, col. 2063.

Le bill qui est devenu l'acte de réforme de 1867 ne contenait de même aucune disposition de cette nature.

C'est au cours de la discussion dans la Chambre des lords que, sur la proposition de lord Cairns, et malgré l'opposition du gouvernement, la clause des minorités fut introduite dans le projet de loi.

Deux autres systèmes de représentation des minorités avaient été précédemment soumis, sans succès, à la Chambre des communes, l'un par M. J. Stuart Mill, l'autre par M. Lowe.

M. J. Stuart Mill avait développé dans la séance du 30 mai 1867 (1), une proposition dont la portée dépassait de beaucoup celle de l'amendement de lord Cairns, et qui rompait même avec les principes traditionnels de l'organisation électorale du Royaume-Uni.

Le nombre des membres du Parlement attribués à chaque collège électoral au lieu d'être fixe, aurait été déterminé pour chaque élection d'après les règles suivantes : Prendre le nombre total des votes émis dans tout le royaume pour la même élection ; diviser ce nombre par 658, prendre le quotient et négliger la fraction, s'il y en a une.

Chaque collège nommera un nombre de membres égal au nombre de fois que ce quotient sera contenu dans le total des votes émis par ses électeurs.

Chaque électeur aura le droit de voter oralement ou par écrit. S'il vote par écrit, le bulletin de vote contiendra une liste de noms disposée suivant l'ordre de ses préférences. Le vote écrit, comme le vote oral, ne pourra être compté qu'à un seul candidat ; mais si le candidat dont le nom se trouve en tête de la liste a déjà un nombre de voix suffisant pour être élu, le bulletin sera compté au candidat dont le nom est porté en seconde ligne.

Pour être élu, il faudra obtenir, soit dans un seul collège, soit en réunissant des votes émis dans des collèges différents, un nombre de voix égal au quotient indiqué ci-dessus. — Si le quotient n'est pas obtenu par 658 candidats, on prendra, pour compléter le chiffre de 658, ceux des candidats dont le nom aura réuni le plus de suffrages. Chaque membre représentera le collège dans lequel il aura eu le plus grand nombre de voix.

Il sera pourvu aux vacances qui se produiront, par suite de la nomination à une fonction publique, de l'élévation à la pairie ou

____

(1) *Hansard*, t. CLXXXVII, col. 1343 et suiv.

de la mort d'un membre du Parlement, par le groupe ou la majorité du groupe de votants qui ont élu le dernier titulaire.

L'amendement que je soumets à la Chambre des communes, disait M. J. Stuart Mill, n'est pas inspiré par l'esprit de parti. Le principe que je défends ne relève ni de la démocratie, ni de l'aristocratie; il n'est ni tory, ni whig, ni radical; à vrai dire, il doit entrer dans le patrimoine de tous les partis, si ceux-ci préfèrent à une série de triomphes passagers un traitement toujours conforme aux principes de la justice; car loin de permettre à un parti d'abaisser tous les autres, son admission aurait pour résultat de sauver ceux qui risquent d'être écrasés.

Il y a dans le système représentatif de l'Angleterre, comme dans celui des autres nations, un vice qu'il faut corriger.

Ce vice, nous le connaissons tous, nous en tenons compte dans nos calculs. Mais, comme nous réputons le mal incurable, nous cherchons à nous en dissimuler la gravité : la Chambre se préoccupe en ce moment d'assurer le bénéfice de la représentation à des personnes qui ne sont pas en possession du droit de vote. Je lui signale ce fait que tous les électeurs actuels ne sont pas représentés. Une énorme fraction du corps électoral reste sans représentation directe dans nos Parlements : c'est l'ensemble des minorités qui ont été battues dans les élections, et de celles qui, désespérant du succès, ont renoncé à demander le scrutin (1). Tous ces électeurs sont « légalement disqualifiés » pendant toute la durée du Parlement; la plupart d'entre eux le sont définitivement, car le plus souvent ceux qui ont été vaincus une fois le sont de nouveau. Leur nombre n'est pas inférieur en moyenne au tiers, et peut même se rapprocher de la moitié du nombre total des électeurs.

Mais les majorités locales elles-mêmes sont-elles fidèlement représentées? Sans doute leur élu siège avec le parti auxquel elles appartiennent. C'est beaucoup. Ce n'est pas assez... L'électeur désire avoir pour représentant « l'homme en qui il a le plus de confiance en toutes choses, et non pas seulement au point de vue de la fidélité à son parti. Ce devoir est tellement irréalisable, grâce au système actuel, qu'on peut le prendre pour un rêve.

« L'électeur doit forcément choisir entre les candidats des deux

____

(1) La procédure électorale, en Angleterre, comporte trois actes : la présentation, l'élection ou proclamation provisoire et le scrutin. Mais, il n'y a lieu de passer au scrutin que lorsque, le nombre des candidats étant supérieur à celui des sièges, le résultat de l'élection est contesté.

grands partis. Et il y a juste autant de candidats de chaque parti qu'il y a de sièges; en présenter davantage serait susciter des divisions dans le parti et la plupart du temps préparer sa défaite. Comment devient-on candidat? C'est, parfois, qu'on a eu la fortune de prendre position le premier, ou d'être battu dans une élection précédente, que les hommes sages du parti n'avaient pas voulu affronter parce qu'ils en prévoyaient le résultat. En général, le candidat est désigné par une demi-douzaine de leaders locaux, qui peuvent être d'honnêtes politiciens, mais qui peuvent aussi être des intrigants sans honneur; qu'ils soient d'ailleurs d'une espèce ou de l'autre, ils choisiront le gentleman qui est disposé à dépenser le plus d'argent : lorsque cette condition essentielle d'éligibilité se trouve chez les concurrents à un égal degré, ils choisissent de préférence celui qui n'a d'autres opinions que celles du parti; les opinions particulières qu'un candidat ne veut pas abdiquer lui font perdre des voix et augmentent les chances du parti adverse. »

Qu'en résulte-t-il? C'est qu'il n'y a peut-être pas un électeur en Angleterre qui soit vraiment représenté. Ceux qui le sont le mieux sont vraisemblablement les électeurs qui ont été subornés « car ils ont bien voulu pour député le candidat qui leur a fait le plus de dons ou de promesses d'argent et de places (*bribery*). »

Voilà le mal, voici le remède. Il faut permettre aux électeurs de porter leur suffrage sur d'autres noms que ceux des candidats locaux, et donner à leur vote une valeur en déclarant élues les personnes qui auront recueilli dans différents collèges un nombre suffisant de voix. La franchise électorale serait en quelque sorte attachée au groupement d'un nombre déterminé d'électeurs. Quel serait ce nombre? Cela dépendrait du nombre des sièges existant à la Chambre des communes comparé au nombre total des électeurs du pays.

Mais une objection se présente aussitôt, objection redoutable qui arrête beaucoup de personnes dès les premiers pas et les détourne de pénétrer plus avant dans le sujet. On reproche à notre combinaison de détruire le caractère local de la représentation. Chaque collège, dit-on, est un groupe ayant des intérêts communs et des aspirations communes; si l'on disperse ce groupe, en permettant aux électeurs d'en former d'autres à leur gré, ces intérêts, ces aspirations ne seront plus représentés. J'admets parfaitement que les intérêts et les sentiments des localités doivent avoir une représentation. J'ajoute qu'ils ne cesseront pas d'en avoir une. Ces intérêts, ces sentiments ne sont autres que ceux des électeurs, et l'amendement a pour objet de permettre une expression plus libre et plus entière des préférences de chaque électeur. L'esprit de localité ne perdra pas son influence.

A dire vrai, la minorité seule usera de la faculté que vous lui donnerez. La majorité préférera toujours élire un candidat local, et le seul effet de la clause, en ce qui la concerne, sera de contraindre ses leaders locaux à choisir le meilleur candidat possible, de crainte que les électeurs du parti ne portent leur suffrage sur d'autres noms. Les intérêts locaux auront, par conséquent, une représentation ; ils auront même une représentation meilleure.

Si, toutefois, la Chambre attachait quelque importance à l'objection, je lui proposerais du moins d'admettre, à titre d'expérience, une application limitée du nouveau principe. On pourrait, tout en maintenant le système actuel, accorder aux électeurs qui demanderaient à être inscrits comme membres d'un collège national, un nombre de représentants proportionnel à leur nombre, et n'admettre le nouveau principe que pour l'élection de ces représentants.

Passant à une autre objection, M. Stuart Mill cherchait à dissiper une impression dont on a peine, disait-il, à se défendre en lisant le livre de M. Hare : il semble que le système nouveau soit d'une complication extrême ; mais on éprouve la même impression en lisant un exposé de la manière dont les lettres sont distribuées au Post-Office, où cependant le nombre des erreurs est relativement très rare.

On pensera peut-être que j'exagère l'importance du système de la représentation personnelle, qu'il importe assez peu que les minorités soient représentées directement, puisqu'elles le sont d'une manière indirecte. Les conservateurs n'ont pas de sièges pour Towers Hamlets, les libéraux pour West Kent, mais ailleurs les libéraux et les conservateurs ont de nombreux représentants : les vaincus doivent se consoler en pensant aux victoires de leur parti sur beaucoup d'autres champs de bataille. Leur parti est victorieux ; mais cela peut-il nous suffire ? Si notre système représentatif ne doit assurer que la représentation des partis, que ne vote-t-on par tory, whig et radical ? le leader du parti victorieux dans le collège choisirait lui-même le membre du Parlement ; on aurait de la sorte une admirable représentation des trois partis.

Mais la Constitution de l'Angleterre existe dans l'intérêt des citoyens, non dans l'intérêt des partis. Il ne faut pas que les sentiments, les opinions, les intérêts d'une communauté soient subordonnés à des préoccupations de parti. Ce qu'il faut, c'est que toute opinion ait ses représentants lorsqu'elle est partagée par un nombre raisonnable d'électeurs. C'est que chacun puisse voter « pour le sujet anglais qui représente le mieux ses opinions, et auquel il aimera le mieux confier le pouvoir d'apprécier pour lui les matières sur lesquelles il n'a pas d'opinion. »

J'ai déjà fait observer, ajoutait M. Stuart-Mill, que ma proposition relève à la fois et au plus haut degré des principes conservateurs et des principes libéraux. Je vais le démontrer.

Ce que les conservateurs redoutent le plus dans une réforme parlementaire, c'est que certaines classes ne soient noyées dans la foule des classes ouvrières. Le système de l'amendement préservera de ce danger toute minorité un peu importante. C'est aussi une thèse du parti conservateur, et une de ses meilleures thèses, qu'il est désirable que les membres du Parlement ne soient pas des hommes frappés au même coin, qu'une certaine variété de sentiments, d'intérêts, de tournure d'esprit est nécessaire dans cette Chambre, que l'on y doit trouver des personnes capables de donner sur les questions spéciales de quelque importance des renseignements sûrs et des conseils. Cet avantage nous est assuré par les institutions existantes. Toutes les classes de la nation sont aujourd'hui représentées dans la Chambre, à l'exception de la classe ouvrière, que nous allons investir du droit de suffrage. Beaucoup de conservateurs craignent que cette variété dans la représentation ne disparaisse. Notre proposition la garantirait à un degré qui n'a jamais été obtenu, et en assurerait l'existence, même sous le régime du suffrage universel. Les classes riches et cultivées ne s'éloigneront pas de la politique, comme cela s'est produit en Amérique : leurs chefs seront élus, sinon par la majorité d'un collège, du moins par un groupement de minorités. Tel est le point de vue conservateur.

L'amendement n'est pas moins conforme aux principes démocratiques.

« Quels sont ces principes? C'est que chacun soit représenté, et le soit d'une manière égale. Suis-je représenté par le membre contre lequel j'ai voté, contre lequel je voterai encore? Tous les électeurs ont-ils un droit de vote égal, lorsque les représentants de la moitié moins un des électeurs sont choisis par la moitié plus un. » La majorité seule est représentée. Ce n'est pas démocratique. Avec l'extension du suffrage, la majorité appartiendra aux classes laborieuses. Mais la démocratie n'a pas pour règle de déposséder une classe privilégiée pour livrer à une autre les mêmes privilèges.

Il faut que la majorité soit représentée par une majorité, et la minorité par une minorité. C'est ce qui n'a pas lieu. « Supposez que les membres du Parlement soient élus par les trois cinquièmes des électeurs et résolvent une question importante à la majorité de deux contre un ». Ce sont les deux cinquièmes de la nation qui gouvernent: c'est la minorité, ce n'est pas la majorité.

L'amendement permettra la représentation des classes ouvrières qui sont actuellement en minorité dans la plupart des collèges électoraux; mais plus on se rapprochera du suffrage universel, plus il sera favorable aux classes riches.

Avec le système de la représentation proportionnelle, plus de brusques changements de politique : on ne verra plus un parti aujourd'hui impuissant, demain trop puissant dans les Chambres; tout au contraire, son pouvoir politique grandira ou déclinera simultanément dans la Chambre et dans le pays.

M. J. Stuart Mill constatait ensuite que la perfection théorique de son système devait engendrer quelque défiance et contribuait à son insuccès. Il signalait l'agitation dont la question était l'objet en Allemagne, en France, en Italie, en Suisse, dans les colonies australiennes et aux États-Unis, et il concluait, s'adressant à la majorité conservatrice :

« On croit que le pouvoir politique risque de passer aux classes les plus nombreuses et les plus pauvres. Contre la prédominance de ces classes, et de toutes autres classes, la représentation personnelle de chaque votant, et la représentation pleine et entière des minorités est la meilleure des sauvegardes. C'est la meilleure et la plus durable, car elle oppose aux dangers de la fausse démocratie les principes de la vrai démocratie ». Tout démocrate qui comprend ses propres doctrines doit en reconnaître la justice et l'impartialité.

Après cet exposé, plusieurs membres prirent la parole, notamment lord Cranborne, M. Morrisson, M. Serjeant Gaselee et le chancelier de l'Échiquier (M. Disraëli). Il n'y eut pas à proprement parler de discussion, mais un simple échange d'observations au cours desquelles lord Cranborne, en reconnaissant la réalité du mal signalé par M. Stuart Mill, déclara qu'il était imputable en partie à ce dernier et à son école. M. Stuart Mill et son école se laissent guider par les philosophes, c'est pour des raisons d'ordre théorique qu'ils

sont partisans du « household » et non pour des considérations
d'utilité pratique. Il est à craindre maintenant que l'esprit peu spé-
culatif de l'Angleterre, après s'être laissé entraîner par les philosophes, ne se refuse à admettre les remèdes purement théoriques
qu'ils lui proposent pour guérir les maux résultant de l'extension du
suffrage; — on a mis du vin nouveau dans les vieilles bouteilles —
voilà la source de tout le mal.

L'amendement fut retiré.

Un amendement, présenté par M. Lowe, dans la séance du 4 juillet, fut au contraire l'objet d'une discussion très nourrie. M. Lowe
proposait que « toutes les fois qu'il y aurait une élection contes-
tée, et qu'il serait par suite nécessaire de procéder au scrutin,
dans un comté ou dans un bourg représenté par plus de deux
membres, et que plus d'un siège serait vacant, chaque électeur eût
le droit d'émettre un nombre de votes égal au nombre des sièges à
remplir. et pût. soit donner tous ses votes à un seul candidat, soit
les répartir entre les candidats de son choix (1).

A l'appui de sa motion, M. Lowe présentait deux arguments : un
argument de droit, un argument d'utilité.

Le résultat d'une élection, disait-il, doit être évidemment le
triomphe de la majorité. Mais il est juste que dans l'élection elle-
même, la minorité ne soit pas dans une situation inférieure à celle
de la majorité, par le seul fait qu'elle est minorité. Ce principe
d'égalité et de justice n'est pas respecté dans les collèges qui nomment plus de deux membres du Parlement. Supposez qu'un collège
« three-cornered » ait à pourvoir à la vacance de ses trois sièges
parlementaires : la majorité présente trois candidats ; la minorité
n'en présente qu'un seul : en concentrant toutes les voix du parti
sur un seul nom, on cherche à bénéficier de la dispersion possible
des voix de la majorité. Ainsi, les électeurs de la minorité n'émettront qu'un vote, ceux de la majorité en émettront trois. Au contraire, dans les élections qui ne portent que sur un siège, ou sur
deux sièges, chaque parti présentant un nombre égal de candidats,
la minorité jouit de la plénitude de son droit électoral. Il faut qu'il
en soit de même dans les collèges three-cornered. Pour atteindre
ce résultat, divers procédés peuvent être employés : on peut ne
donner à chaque électeur que deux votes ou qu'un seul vote. Mais
ces systèmes doivent être écartés parce qu'ils priveraient les électeurs d'une portion des droits dont ils sont actuellement investis.

_____

(1) *Hansard*, t. CLXXXVIII, col. 1033-44; 1069 et suiv.

Il faut donc reconnaître à l'électeur le droit d'émettre trois suffrages dans tous les cas, soit qu'il les disperse sur plusieurs candidats, soit qu'il les accumule sur un seul nom.

Passant à l'argument d'utilité, M. Lowe se défendait de chercher une combinaison qui pût permettre à la minorité du Parlement de tenir en échec le parti au pouvoir. Dans sa conviction, les jours des partis étaient comptés. De quelque ingéniosité que fassent preuve les partis, il leur sera impossible de résister aux volontés des misérables householders désormais maîtres de la franchise.

Mais du moins si la motion était adoptée, il y aurait quelque variété dans la représentation. La propriété et l'intelligence, coalisées à la faveur de cette clause, ne pourront certes pas tenir tête à la démocratie que l'on va créer ; mais pour leur plus grand avantage et pour celui du pays, elles enverront au Parlement des hommes dont le caractère différera de celui de la classe purement démocratique qui est sur le point de l'envahir.

D'un autre côté, lorsque l'attention des électeurs intelligents sera attirée par une question spéciale, comme celle du libre échange, ou par quelque autre grand principe, il leur sera loisible de donner plusieurs voix au candidat qui représentera leurs vues. De la sorte, une opinion en grandissant dans le pays, grandira dans la Chambre : une majorité pourra se former graduellement sur la question, et il ne sera plus besoin de recourir à une agitation extérieure. On ne verra plus un parti perdre brusquement le pouvoir ; et cela n'est pas sans importance dans le nouvel ordre de choses. On peut en effet prévoir quelles seront les conséquences des innovations qui vont être votées d'après ce qui se passe dans les autres pays. Qu'arrive-t-il aux États-Unis notamment ? c'est que des milliers d'électeurs sont traités comme s'ils n'existaient pas. Il s'agit de savoir si l'Angleterre sera, de même, divisée en deux camps ennemis, ou si l'on y conservera ce goût des opinions moyennes qui est le trait caractéristique des nations vraiment libres.

M. Thomas Hughes essaya comme M. Lowe de justifier en droit le principe de la représentation des minorités. Il fit observer que c'était la pratique de la Chambre, lorsqu'elle charge un comité d'étudier un sujet sur lequel elle veut légiférer, de composer ce comité d'un nombre égal de membres de la majorité et de la minorité, à l'exception du chairman. Mais on insista surtout sur les arguments de pure utilité. Dans le bourg que représentait M. Thomas Hughes, sur 20.000 électeurs, 10.000 à peine prenaient part au vote.

Les autres 10.000 s'abstenaient parce qu'ils n'avaient pas de chance
d'élire un candidat de leur choix. On détourne ainsi l'Anglais des
affaires publiques, disait l'orateur, et cela n'est pas bon. Il dépen-
sera le surplus de son énergie, s'il appartient aux hautes classes,
sur le turf ou à la chasse; si c'est un homme de la classe moyenne,
dans la poursuite du lucre ; si c'est un ouvrier, dans l'abus du
gin.

Enfin M. Gorst exprima l'opinion que le bill de réforme aurait
des conséquences funestes pour le caractère des hommes qui
entrent dans la vie publique, parce qu'ils seraient forcés de faire
de la popularité. L'adoption d'un système de représentation des
minorités préviendrait ce danger.

Il ramènerait aux affaires publiques, ajoutait M. Morrisson, tous
ceux qui s'en éloignent parce qu'ils sont, en fait, disqualifiés. Il
réduirait les dépenses d'élection et ferait cesser la corruption.
Il fortifierait enfin le gouvernement en le faisant reposer sur une
majorité qui serait l'image plus exacte du pays.

A leur tour les adversaires de la motion soulevèrent la question
de droit, de justice, et la question d'utilité.

Si l'on ménage une représentation spéciale aux minorités de
Manchester ou de Birmingham, dit M. Shaw Lefèvre, on ne peut
refuser la même faveur aux minorités des 300 autres collèges.
M. Lowe avait dû le reconnaître, en effet. Mais l'application de la
nouvelle clause aux bourgs et comtés qui n'élisent que deux représentants, aurait pour conséquence de permettre à la minorité d'en -
voyer à la Chambre des communes autant de membres que la
majorité. M. Lowe a donné pour base à ses propositions des considérations de justice abstraite ; on ne voit pas la justice abstraite
des résultats auxquels elle conduit. Au surplus ces considérations
n'ont guère de valeur; on avance que dans les collèges « three-cornered » les minorités ne peuvent émettre qu'un seul vote ; mais si
elles ne présentent qu'un seul candidat, c'est qu'elles le veulent
bien.

Dans les collèges à deux représentants, disait aussi sir Rob.
Collier, la motion de M. Lowe aurait pour effet d'assurer à une
minorité du tiers plus un, une représentation égale à celle de la
majorité. Restreinte aux collèges « three-cornered », elle a encore
de singulières conséquences. Si l'on donne à un bourg un, deux,
trois représentants, c'est afin qu'il ait dans la Chambre une
influence égale à un, à deux ou à trois. Le bourg qui nomme trois
membres du Parlement, Manchester, par exemple, ne serait

cependant représenté dans le scrutin que par un seul d'entre eux, le vote de l'un des élus de la majorité étant neutralisé par celui du représentant de la minorité. Cette grande cité descendrait au rang des plus petits bourgs : elle serait assimilée à un bourg comme Totnes.

Pour soutenir que les minorités doivent avoir une représentation spéciale, on invoque : 1° la nécessité de les protéger contre les tyrannies de la majorité; 2° l'utilité qu'il y aurait à assurer la représentation de l'intelligence et de la richesse, dont les possesseurs peuvent se trouver en minorité.

Protéger les minorités contre les tyrannies de la majorité? ce ne ne serait vraiment pas possible. Si la majorité veut être tyrannique, aucun artifice ne l'en empêchera. Elle saura faire tourner à son profit les combinaisons destinées à la paralyser; de quelque manière qu'on fasse les cartes, la partie est gagnée par celui qui a le plus d'atouts. Il n'est d'ailleurs pas vrai que les minorités soient opprimées. « Toute minorité sérieuse a une influence, même dans les élections où elle n'obtient aucun siège. Les électeurs en effet ne se groupent pas en partis séparés par une ligne de démarcation bien tranchée : c'est par degrés successifs que les opinions s'étagent en quelque sorte d'un extrême à l'autre ; et c'est un fait d'expérience que lorsque le représentant d'un collège exagère les tendances de son parti, il est abandonné par les hommes modérés dont la défection met son élection en péril. Cela suffit à contenir les partis. Et il en est ainsi même aux Etats-Unis. La situation des minorités est d'ailleurs meilleure en Angleterre à raison du nombre des membres du Parlement et de l'attribution de plusieurs sièges au plus grand nombre des collèges. — Ainsi, il y a 8 comtés qui élisent 3 membres. Dans ces comtés la minorité a 5 sièges : la majorité en a 19. 58 comtés élisent 2 membres : dans 16 d'entre eux chaque parti obtient un siège; les conservateurs obtiennent les 2 sièges dans 32, et les libéraux dans 10 : la proportion est de 80 à 36, c'est à peu de chose près ce qui résulterait de l'application du vote cumulatif dans les collèges « three-membered. » — Sur 91 bourgs ayant une population supérieure à 10.000 âmes, 31 élisent un membre de chaque parti, 41 élisent 2 libéraux, 13 élisent 2 conservateurs, en tout 123 libéraux contre 60 conservateurs : c'est la proportion que donnerait le vote cumulatif dans des collèges à 3 candidats. Il en est de même dans les bourgs écossais qui n'élisent qu'un membre. Le système actuel est donc favorable à la représentation des minorités, et il présente cet avantage de lier le membre du Parlement à l'ensemble du collège électoral qu'il représente.

Mais on a dit qu'il faut assurer la représentation des classes riches et instruites. Ç'a toujours été l'honneur de la Chambre que ses membres représentent l'ensemble de leur collège et n'ont en garde que l'intérêt de tous. Si la clause passe on ne s'occupera plus que des intérêts et des aspirations de la classe dont on sera l'élu. La majorité délivrée du souci de se concilier les hommes modérés, la minorité certaine d'avoir un représentant voudront élire des hommes d'opinions plus tranchées. La minorité libérale des comtés élira un radical; la minorité conservatrice des villes choisira un homme dévoué à sa caste, fanatique, égoïste et probablement odieux aux autres classes de la cité.

Il est très important que les hautes classes de la nation n'aient pas une situation à part, qu'elles ne soient pas dispensées de se mêler au vulgaire. Leur influence légitime sombrerait, si l'on arrêtait ce mélange incessant des classes et des intérêts qui est la vie du gouvernement représentatif.

On estime que dans les nouveaux collèges la minorité vaudra mieux que la majorité. C'est peut-être un argument contre le bill tout entier; mais cet argument n'est pas de nature à convaincre ceux qui pensent que l'extension de la franchise est justifiée et que le nouveau corps électoral vaudra tout autant que l'ancien, si même il ne lui est pas supérieur.

M. J. Bright fit également allusion à cet argument. Il est très remarquable, dit-il, que la proposition que je combats a été soumise à la Chambre par un membre dont l'attitude sur la question de l'extension du suffrage a été, dans cette session et dans la précédente, très nette et très persévérante. M. Lowe a supplié la Chambre sur un ton agonisant de ne pas se précipiter dans l'abîme de ruine où lord Derby et le Chancelier de l'Échiquier veulent entraîner leurs partisans. Une seule chance nous resterait, l'honorable membre l'a dit; cette proposition est la dernière flèche du carquois. Eh bien, cette proposition dont le vote nous sauverait d'un terrible danger n'aurait d'application que dans huit ou dix collèges. Autant vaudrait enlever d'une avalanche une poignée de neige. Si les appréhensions des honorables membres étaient fondées, il faudrait revenir sur les décisions prises par la Chambre, car la combinaison toute nouvelle par laquelle on espère remédier à l'extension de la franchise ne saurait avoir d'efficacité.

Que l'on ne dise pas, poursuivait-il, que la minorité est privée de toute représentation. C'est, au contraire, un fait, que jusqu'à

présent la minorité du pays a gouverné, grâce aux défauts de notre système représentatif. Il n'est pas d'ailleurs de pays libre dans lequel la minorité ne soit pas représentée. Il en est ainsi même aux États-Unis. Et puisqu'on a parlé des États-Unis, je n'hésite pas à dire que si votre système avait existé dans ce pays, jamais on n'y aurait triomphé de la résistance désespérée des États sécessionnistes. Les américains savent bien et tout anglais devrait savoir qu'une combinaison qui diminue le pouvoir représentatif, parce qu'elle a pour conséquence l'envoi de députés désignés par de petites coteries qui sont en un endroit majorité, minorité sur un autre point, mais qui n'ont pas d'influence réelle sur la nation, ne peut que mener à l'affaiblissement et à l'annihilation du pouvoir exécutif. Il n'y a dans ce sujet matière à discussion que pour l'*University college debating society* ou les *Debatings clubs* d'Oxford et de Cambridge.

On nous dit qu'il n'y aura pas grand mal à ce que deux des représentants d'un collège siègent d'un côté de la Chambre et le troisième de l'autre côté. Sans doute, et personne ne se plaint que le très honorable membre pour le South Lancashire siège dans l'opposition pendant que ses deux collègues votent avec la majorité. Mais comment sommes-nous arrivés à ce résultat ? Aux dernières élections nous avons opposé trois candidats aux trois candidats conservateurs. On a lutté pour obtenir les suffrages : toutes les questions d'intérêt publics ont été débattues, on a discuté tout ce qui concernait l'état de ce pays. Supposez que le système en discussion eût fonctionné. Nous aurions su parfaitement que nous ne pouvions obtenir qu'un siège; nos amis auraient su de même qu'ils n'en pouvaient emporter que deux : les candidats auraient été choisis par les comités, proposés à Newton on the Willows et élus sans que la population en eût la moindre connaissance. On aboutirait ainsi à l'état stagnant.

On n'hésite pas à reconnaître que la clause devrait être appliquée aux collèges qui n'élisent que deux représentants. Autant vaudrait dire que la Chambre sera composée de libéraux et de tories en nombre égal. Le speaker prononcerait.

Si la nation tout entière ne formait qu'un seul collège électoral, nommant ses 658 députés, je comprendrais que la minorité se plaignît de n'être pas représentée. Mais il n'en est pas ainsi. Prenez Liverpool et Manchester. Les députés de Liverpool sont conservateurs ; ceux de Manchester sont en général libéraux. La minorité de Manchester est représentée par les membres pour Liverpool.

Quelles seront les conséquences de la clause?

La cité de Londres nomme quatre représentants. Je présume qu'elle a 20.000 électeurs. Je ne sais pas quelle est d'une manière exacte leur répartition entre les deux partis; mais je suppose qu'il y ait 12.000 libéraux et 8.000 tories, qui votent en masse pour les candidats du parti. Les libéraux émettront 48.000 votes répartis entre leurs quatre candidats. Les tories connaissant leur infériorité numérique, donneront leurs quatre voix au même candidat qui en obtiendra 32.000, c'est-à-dire beaucoup plus que les élus de la majorité. Je disais il y a quelques temps à mes électeurs de Birmingham que cela ressemblait fort à ces courses de baudets où la victoire appartient au dernier. Supposez maintenant que les libéraux de la cité de Londres ne présentent que trois candidats, et que les tories briguent 2 sièges. Chaque parti donnera de la sorte 16.000 voix à chacun de ses candidats, et les tories auront emporté deux sièges sur cinq. Je m'étonne que le membre pour Calne qui a l'horreur naturelle de tout ce qui est révolutionnaire fasse une semblable proposition.

Il pense sans doute qu'elle aura pour résultat de prévenir les brusques revirements d'opinion. Mais ce n'est que graduellement que les collèges électoraux changent d'opinion. Voyez le temps qu'il a fallu aux tories pour reconquérir dans le South Lancashire la majorité que nous avions gagnée dans la lutte pour le libre-échange.

La clause doit être repoussée, parce que, sans efficacité contre les dangers que l'on signale, elle aurait pour résultat de détruire la vie de notre représentation.

Enfin, c'est une nouveauté que l'on introduit dans un bill qui jusqu'à présent était absolument conforme à nos antiques traditions constitutionnelles.

Je ne savais pas, répliqua lord Cranborne, que M. Bright fût un admirateur aussi fervent de notre ancienne constitution; je ne l'en blâme pas. Mais ce serait une erreur funeste de croire que l'on peut détruire plus qu'à moitié notre constitution, et sous couleur de conservatisme, défendre religieusement le reste. Notre ancienne constitution était monarchique, la monarchie est morte; elle était aristocratique, vous venez de condamner l'aristocratie; elle faisait une place raisonnable à la démocratie, aujourd'hui la démocratie l'occupe tout entière. Il faut bien recourir à de nouveaux principes pour contre-balancer la prépondérance que vous donnez à une seule classe de la nation, contrairement à toutes nos traditions. Que l'expérience soit nouvelle, on n'en peut douter. Dites que vous ouvrez une ère de prospérité, que vous avez découvert une source d'honneur, de puissance, de richesse pour la nation, mais ne vous abusez pas vous-même : c'est une nouveauté.

On nous a demandé, et c'était justice, d'augmenter le nombre des représentants des grands collèges; vous avez à décider maintenant si cette augmentation d'influence tournera au profit du nombre ou si elle ne servira pas plutôt à assurer ce qui doit être l'objectif de tout système électif, c'est-à-dire une exacte représentation de toutes les classes de la communauté. Dans ces collèges, la propriété, l'intelligence, l'énergie, tout ce qui vous donne l'autorité dont vous jouissez sur la nation, seront écrasées par le nombre.

Nous ne réclamons aucun privilège, mais la liberté; nous demandons seulement le droit de plaider notre propre cause face à face avec nos maîtres de demain.

On a dû remarquer que les défenseurs de la motion de M. Lowe, dont nous venons d'analyser les discours étaient des adversaires déterminés du bill de réforme. S'ils soutenaient le principe du vote cumulatif, c'est qu'ils espéraient que son application dans un certain nombre de comtés et de bourgs, quelque faible qu'en fût le nombre, servirait de digue au torrent démocratique. Mais l'amendement rencontrait aussi des sympathies parmi certains des partisans de l'extension de la franchise, auxquels il semblait être un acheminement vers le principe posé par Stuart Mill que la représentation de la nation devrait appartenir à la nation tout entière, « *that the whole people should be represented by the whole people.* »

M. Stuart Mill lui-même prit la parole pour le soutenir. « J'espère, dit-il, que mon honorable ami M. Bright me pardonnera, si le discours très conservateur qu'il vient de prononcer, le premier certainement que je lui aie entendu faire sans l'approuver, ne me détermine pas à abjurer les opinions éminemment démocratiques que je professe depuis un grand nombre d'années. »

Deux principes dominent cette question. Le premier est que tout ensemble de personnes ayant des intérêts, des sentiments communs, doit autant que possible obtenir dans la Chambre une influence proportionnelle à celle dont il est en possession dans le pays.

Ce principe admis, il ne peut être question d'étendre la combinaison proposée par M. Lowe aux collèges qui nomment deux membres seulement, car dans ceux-ci elle aurait pour résultat de donner au tiers des électeurs une situation égale à celle de la majorité.

Le second principe sur lequel je me fonde pour demander la représentation des minorités — dussent les membres de la Chambre s'en étonner — c'est qu'il faut assurer le gouvernement à la majorité. La légitime prépondérance de la majorité ne peut être assurée sans la représentation des minorités. En effet, la majorité dans cette Chambre résulte de l'élimination successive de deux minorités, celle qui est battue dans les élections et celle qui est battue dans nos scrutins. Il se peut que ces deux minorités réunies dépassent de beaucoup la majorité qui domine dans la Chambre. Le gouvernement n'appartiendra à la majorité vraie de la nation, que lorsque toutes les minorités vraies seront comptées.

On objecte que les membres du Parlement ne doivent représenter que les communautés. Je ne puis concevoir que les membres de cette Chambre représentent ces abstractions qui s'appellent des noms de comté ou de bourg, ou des briques et du mortier, ou un coin de terre. Ils ne peuvent représenter que les habitants de ces localités. Si dans l'une d'elles, les deux tiers des électeurs sont conservateurs et le tiers restant libéral, il est faux de dire que le membre conservateur représente les libéraux. Un collège n'est pas pleinement représenté si la minorité ne l'est pas.

Une autre objection a été faite. Elle a fourni à M. Bright l'un des développements les plus éloquents de son discours. La clause, a-t-il dit, fera disparaître les contestations d'élections et avec elles toute la lumière qu'elles font sur les affaires du pays, tout l'intérêt qu'elles excitent la nation à y porter. C'est au contraire le système actuellement en vigueur qui mérite ce reproche. Comment une minorité comprenant seulement le tiers des électeurs pourrait-elle concevoir l'espérance de devenir majorité? Et si elle n'a pas cet espoir, quel motif aurait-elle de tenter la fortune des élections? Supposez, au contraire, que, grâce à la nouvelle clause, la minorité emporte un siège sur trois, elle voudra s'emparer d'un second siège. La majorité, de son côté, voudra les avoir tous. Dans ces conditions, l'on ne peut vraiment craindre qu'il n'y ait plus d'élections contestées.

On dit encore que le gouvernement sera affaibli. Mais le système actuel peut avoir pour résultat de donner au gouvernement qui n'a eu dans le pays qu'une faible majorité, une majorité considérable dans la Chambre. Et il n'est certes pas désirable que le gouvernement soit fort, lorsque le plus léger changement dans le vote des communautés peut le priver d'une majorité dont l'importance le leurre.

M. Stuart Mill ajoutait que la mesure, bien que proposée par

M. Lowe, n'était pas une simple machine de guerre contre le bill de réforme.

M. Disraëli, chancelier de l'Échiquier, se prononça très nettement contre la proposition de M. Lowe. — Il y a, dit-il, une singulière disproportion entre la largeur des principes posés par l'honorable membre pour Calne et l'application qu'il en propose. Mais il est évident que le principe, s'il est bon, doit être appliqué à tous les collèges électoraux, comme il ne doit être appliqué à aucun d'eux s'il est mauvais. Quelle serait la conséquence d'une application générale des combinaisons de M. Lowe? Ce serait la neutralisation et l'émasculation de la plupart des collèges électoraux; ce serait la remise des destinées du Royaume-Uni aux petits bourgs qni ne nomment qu'un membre, c'est-à-dire à l'Écosse et au pays de Galles.

On pourra dire que si le principe est bon, il faut l'appliquer coûte que coûte. Mais ce principe est détestable; il aurait pour résultat de créer une représentation stagnante, et une représentation stagnante ne peut donner naissance qu'à un pouvoir exécutif impuissant. Presque tous les représentants du royaume seraient réduits à la condition des députés des anciens bourgs de nomination (*nominees*). Ils ne seraient plus élus par un peuple libre, à la lumière du soleil, mais nommés comme l'étaient les représentants d'Old Sarum. Je ne puis croire que le pays désire l'adoption de semblables projets. J'ai toujours pensé, quant à moi, que le vote cumulatif et les autres systèmes de représentation des minorités étaient d'excellents procédés pour introduire dans cette Chambre des hommes à lubies (*crotchety men*); il y en a peu en ce moment, mais je ne crois pas qu'il faille légiférer pour accroître le nombre de ces spécimen.

L'honorable membre pour Stamford (Vte Cranborne) a tracé au début de son discours un tableau effrayant de notre situation politique. La monarchie est morte, s'est-il écrié; l'aristocratie est domptée, et la démocratie triomphe. L'honorable lord a été ministre de la couronne. S'il a emporté de son passage aux affaires cette opinion que la monarchie est morte, son sentiment n'est certes pas d'accord avec celui de ses collègues. Le souverain exerce sur tous les départements ministériels un pouvoir constitutionnel de critique dont les effets sont des plus salutaires. L'aristocratie est domptée? Elle ne le sera point tant qu'elle produira des hommes comme mon honorable ami. Si elle n'en produisait plus, ce ne seraient pas les attaques de l'extérieur qui la renverseraient, mais sa propre décrépitude. La démocratie triomphe, et

pourquoi? par suite de l'extension du droit de suffrage aux « hou-
scholders »? C'est là la démocratie? Eh bien ! il y a en Angleterre
4,500,000 maisons d'habitations. La moitié seulement en est habi-
tée par des personnes habiles à exercer la franchise. Les bourgs
d'Angleterre qui nomment 331 membres — et vous savez dans
quelles conditions — ne comptent que 1.500.000 maisons, et l'extension de la franchise ne profitera qu'à 300.000 personnes, à
350.000 si l'on veut. Depuis 15 ou 16 ans, vous faites des propositions dont l'effet aurait été d'accroître le nombre des électeurs
d'au moins 200.000, et parce que nous portons l'augmentation à
300 ou 350.000, vous vous écriez que la démocratie triomphe, et
vous voulez rompre avec toutes nos traditions.

La cause du vote cumulatif était perdue. Sir George Grey essaya
de sauver celle de la représentation des minorités en reprenant
l'opinion émise dans la discussion par M. Morrisson, à savoir qu'il
vaudrait mieux adopter le système du vote limité proposé en 1854
par lord J. Russell. Mais cet amendement à la nouvelle clause ne
pouvant être proposé si l'on ne passait pas à une seconde lecture,
il fallait d'abord voter pour la motion de M. Lowe.

De nouveau, M. Lowe adjura la Chambre avec véhémence de
voter une proposition qui pouvait atténuer dans quelque mesure
les conséquences de l'énorme révolution que déchaînait le gouvernement.

La clause fut écartée par 314 voix contre 173, soit à 141 voix de
majorité.

La tentative de lord Cairns fut, on le sait, plus heureuse. Sur son
initiative, la Chambre des Lords adopta deux clauses nouvelles,
relatives, l'une aux collèges « three-cornered », l'autre à la cité de
Londres, et portant qu'aucun électeur ne pourrait, dans les élections contestées des collèges de la première catégorie, voter pour
plus de deux candidats, et pour plus de trois candidats dans celles
de la cité de Londres.

L'amendement que je propose, dit lord Cairns, n'aura probablement aucune influence sur la répartition des sièges entre les
partis. On peut donc l'apprécier en lui-même, abstraction faite de
toute préoccupation de parti.

La création de collèges représentés par trois membres du Parlement est, à vrai dire, une mesure tout à fait en dehors de ce qu'on
appelle communément les vieilles lignes de notre constitution. Elle
nous impose l'obligation et nous fournit l'occasion d'examiner une
question fort importante, celle de la non-représentation des minorités considérables qui peuvent exister en certains lieux. Les huit col-

lèges « three cornered », actuellement existant, et les quatre collèges
de la même espèce que ce bill va créer, comptent ensemble deux
millions trois cent mille personnes (1). En supposant que la minorité
soit du tiers dans chacun d'eux, sept ou huit cent mille personnes
sont privées de toute représentation sous le régime actuel. Il est
incontestable que dans nos grandes villes, c'est dans la minorité
que l'on trouve la plus grande somme de propriété et d'intelligence. Et cependant cette minorité n'a pas d'influence sur le gouvernement du pays. La question est d'autant plus grave que très
probablement les réformes, dont la distribution des sièges au Parlement pourra être l'objet, auront pour résultat d'augmenter le
nombre des collèges « three-cornered ».

Je sais bien qu'il est de mode de répondre que si ces minorités
ne sont pas représentées d'une manière directe, elles le sont indi-
rectement. Mais je sais aussi que c'est l'argument que l'on invoquait en 1832 pour refuser à Manchester la franchise parlementaire.

Passant à l'examen des avantages de sa proposition, lord Cairns
en indiquait de trois sortes. La nouvelle clause devait profiter au
pays, aux membres élus à la faveur de ses dispositions, enfin aux
collèges électoraux. Au pays, d'abord. Les élus de la minorité
seront des hommes d'une grande intelligence et d'une grande indépendance de caractère. La représentation des minorités rendra les
mêmes services que les petits bourgs (small boroughs), sans être
entachée des mêmes vices. Elle donnera des hommes modérés qui
seront un élément de conservation dans les temps d'émotion populaire. Elle conservera une certaine variété dans la représentation.
Prenez les représentants des grands comtés agricoles, prenez ceux
des grandes villes manufacturières : les grands comtés ayant des
intérêts analogues, les grandes villes ayant aussi des intérêts analogues, leurs représentants ont les mêmes vues politiques. Ils
expriment les vœux de la majorité qui les élit. Il serait intéressant
de connaître aussi les sentiments de la minorité. Il est très vrai
que le Parlement ne doit s'inspirer que de l'intérêt général. Mais,

______

(1) Il y avait avant l'acte de 1867 neuf collèges dans ce cas. Huit d'entre eux
nommaient à trois sièges du Parlement; le neuvième, la Cité de Londres,
avait quatre représentants. L'acte de 1867 créa quatre nouveaux collèges
« *three cornered* », Liverpool, Manchester, Birmingham et Leeds, et divisa
l'un de ceux qui existaient précédemment, celui du South Lancashire, en
deux collèges, nommant chacun deux membres. En Écosse, Glasgow nomme
aussi trois représentants. Le nombre des « *three cornered constituencies* »
était donc porté à douze. Si l'on y ajoute la Cité de Londres, on voit que la
clause dont lord Cairns prit l'initiative s'applique à treize collèges. (Disc.
de lord Cairns, *Hansard*, t. CLXXXIX, col. 433 et 434.

on sait que l'intérêt particulier modifie dans les différentes localités l'aspect des questions d'intérêt général. Il serait de la plus haute importance de connaître, non seulement les vues des localités, mais encore celles des groupements particuliers qui existent dans ces localités.

Je passe aux avantages qui résulteraient de la clause pour les élus du collège « three cornered ». Il existe actuellement entre les membres qui siègent pour le même collège, mais représentent des politiques différentes, une rivalité qui est un fâcheux obstacle à leurs relations. Cette rivalité n'aurait plus de raison d'être.

Au point de vue des collèges eux-mêmes, la clause aura des effets heureux. Elle préviendra l'irritation que cause à la minorité son exclusion perpétuelle des affaires publiques, son écrasement irrémédiable par la force du nombre, la désaffection que cette situation lui inspire pour les affaires du pays.

Enfin elle mettra un terme aux contestations d'élection et, partant, aux faits de corruption.

On a soulevé deux objections. On a dit que le système devrait être logiquement étendu aux collèges qui nomment deux membres et qu'alors le Parlement serait paralysé. Cette objection ne peut être opposée qu'au système du vote cumulatif. On a dit encore, et ceci est plus sérieux, que la clause serait inefficace en cas d'élection partielle. Cela est vrai, mais cela ne suffit pas pour faire rejeter la proposition.

Sans concevoir d'alarmes, sans avoir d'anxiété sur les résultats de l'introduction dans les collèges électoraux d'un nombre considérable de personnes qui jusqu'à présent ne pouvaient voter, mesure qui altère le système en vertu duquel l'élection des membres du Parlement appartenait à une classe privilégiée et choisie, je crois, qu'à tout hasard, au moment où l'on accroît la force du nombre, il ne faut pas perdre de vue les intérêts de la propriété et de l'intelligence.

Le comte de Malmesbury, lord du sceau privé, déclara que le gouvernement ne pouvait accepter la proposition de lord Cairns. C'est une nouveauté, dit-il, en contradiction avec le caractère du peuple anglais, qui aime à poser les questions par blanc ou noir, et qui a l'habitude d'obéir aux majorités. Le bill, en donnant un représentant supplémentaire à Liverpool, Leeds, Manchester et Birmingham, a voulu augmenter leur influence dans les « *lobbies* » (1). La motion de lord Cairns réduirait cette influence,

(1) On sait qu'à la Chambre des communes, on vote en passant par l'un des couloirs (*lobbies*) qui donnent accès dans la salle.

car le vote de l'un des membres élus par la majorité serait neutralisé par le vote de cet « outrigger » qui représenterait la minorité. Je pense d'ailleurs que le système des collèges « three-cornered » est mauvais (1), et j'espère qu'on n'en augmentera plus le nombre. On a dit qu'ils ont été imaginés en 1832 parce que le gouvernement ayant opéré des « disfranchisments » sans avoir préalablement déterminé le nombre des nouveaux bourgs, se trouva avoir dans les mains trop de sièges. Ne sachant qu'en faire, il aurait donné un troisième membre à plusieurs collèges. On a parlé de l'âpreté des luttes électorales : il est certain que si le Parlement était renouvelé tous les ans ou même tous les trois ans, il y aurait à s'en préoccuper. Mais dans les circonstances actuelles, les élections contestées présentent les plus grands avantages. Elles dégagent périodiquement l'opinion réelle des masses profondes de la nation.

Le comte de Malmesbury, dit lord J. Russell, a reproché à la motion d'être une nouveauté, soit; mais devons-nous repousser toutes les nouveautés? Depuis que le gouvernement de parti est organisé dans ce royaume, il est nécessaire d'avoir au sein de la Chambre des communes de nombreux représentants du gouvernement et par suite, il est indispensable que l'on puisse trouver dans cette Chambre des hommes capables d'en remplir les offices. A qui peut-on offrir ces charges? Aux grands manufacturiers? Ils ne peuvent négliger leurs affaires pour un traitement qui est dérisoire eu égard à leurs profits commerciaux. Aux grands propriétaires des comtés? Ce sont des hommes dévoués à l'agriculture, de bons magistrats dans les « *quarter sessions* », mais ils n'ont aucun goût pour les labeurs du gouvernement et préfèrent les agréments et le confort du « home ». Les bourgs de nomination avant 1832, et depuis la réforme, de petits bourgs qui n'étaient pas d'ailleurs des bourgs de nomination, envoyaient au Parlement les hommes qui consacrent leur vie à la politique, tel que sir Robert Peel. Les bourgs de nomination ont disparu, les petits bourgs vont disparaître. Trouverons-nous dans les grands collèges urbains ou ruraux des hommes qui veuillent et qui puissent prendre la charge du pouvoir? Voilà pourquoi il ne suffit pas de reprocher à la clause d'être une nouveauté. On ne peut rien changer dans le mécanisme compliqué de notre gouvernement sans se mettre dans la nécessité de toucher à tous ses organes.

La proposition aura pour résultat d'introduire dans le Parlement

(1) Le gouvernement n'avait pas proposé d'attribuer un troisième député à Manchester, Birmingham, Liverpool et Leeds. Cette disposition avait été introduite dans le bill par voie d'amendement.

des hommes modérés qui pourront retenir les partis dans les occasions où aucune solution absolue n'est complètement juste.

On soutient que la représentation de la majorité ne sera pas entière. Comment pourrait-elle raisonnablement se plaindre de n'avoir que deux sièges sur trois? En revanche, la communauté tout entière sera représentée. Ainsi cessera l'irritation qui a poussé parfois dans les villes manufacturières des hommes très respectables, des hommes de poids et d'éducation, mécontents de ne compter que comme une unité dans les élections, à soutenir des candidats radicaux. Dans les comtés comme dans les villes, les ruptures que causent actuellement les luttes électorales seront moins fréquentes, sans que d'ailleurs l'intensité de la vie publique en soit diminuée, car il ne s'agit que de douze collèges. Vous allez apporter un grand changement dans notre vieille et mystérieuse Constitution; vous ne pouvez que prendre en considération les motions qui ont pour objet de mettre ces modifications en harmonie avec la forme du gouvernement que nous admirons et que nous aimons tous.

Le comte Spencer et le comte Stanhope parlèrent dans le même sens. Le premier soutint que le système en vigueur, ayant pour résultat d'éloigner les minorités des élections, ne permettait pas la réalisation de l'un des principaux objets du régime représentatif, qui est d'intéresser aux affaires publiques le plus grand nombre possible des membres de la Société. Il ajouta que l'extension de la franchise, dont nul ne pouvait prévoir les conséquences, rapprocherait sans doute le jour où le pays serait divisé en circonscriptions égales, et qu'il serait heureux qu'à ce moment le pays eût fait l'expérience de la combinaison proposée par lord Cairns.

Le comte Stanhope insista particulièrement sur cette idée. Le gouvernement, dit-il, va échapper aux classes moyennes qui le gèrent depuis trente ans et passer aux classes salariées, à celles qui vivent d'une paye hebdomadaire. C'est un immense changement. Personne ne peut dire ce qu'il produira. Nous faisons un saut dans l'ombre. Comme le prince du conte persan, nous retomberons peut-être sur un lit de roses, mais nous pourrions bien rouler sur un tas de cailloux. L'amendement lui paraissait avoir tant d'importance qu'il regrettait que le gouvernement n'eût pas proposé la création d'un grand nombre de « three cornered constituencies » auxquelles on aurait appliqué le système du vote limité.

La question de l'effet possible de la clause sur les luttes électorales, agitée déjà dans la Chambre des communes, fut également soulevée dans la Chambre des lords. Tandis que le comte Russell et le comte Cowper ne se préoccupaient que de l'âpreté de ces luttes qui brisent parfois les relations les plus amicales, le duc de Marlborough, lord président du Conseil privé, y voyait un élément considérable de l'activité politique. Le résultat inévitable de la clause, disait-il, sera de réduire le nombre des candidats qui se présentent aux électeurs de leur propre mouvement. Tout se réglera entre les comités électoraux. On en arrivera au système du ticket américain; les élections ne seront plus une occasion d'entendre la voix du pays. Les meneurs de chaque collèges se constitueront eux-mêmes en comité, et l'électeur n'aura plus à choisir que le candidat de leur choix. La Chambre des communes ne sera plus cette grande assemblée, investie de la confiance et entourée du respect de la nation; ce sera un corps composé d'éléments hétérogènes, divisés, mal définis, dont les décisions auront moins de poids et d'autorité. Le vote par lequel la Chambre des communes a déjà repoussé, à une forte majorité, une proposition du même genre a été certainement inspiré par l'intuition instinctive que cette grande assemblée a toujours eu de ses légitimes intérêts.

Le comte de Carnarvon répondit que la suppression des luttes électorales dans douze collèges ne pourrait conduire à la stagnation politique. Défendant la motion du reproche de nouveauté, il s'écria qu'un gouvernement qui proposait des mesures révolutionnaires n'avait pas le droit d'user de cet argument. Il faut aviser. Il y a présentement une tendance à supprimer les petits bourgs et à augmenter l'influence des grandes villes. Or le caractère de la représentation de celles-ci s'abaisse de plus en plus. Et c'est naturel. Toutes ces villes sont démocratiques. Elles réduisent leurs représentants au rôle de simples délégués. C'est une situation que ne sauraient accepter des hommes indépendants. Notre gouvernement devient démocratique. Eh bien ! il y a deux formes de démocratie. Il y a la pure démocratie du « mob » ; il y a une forme plus élevée de la démocratie, utopique peut-être, mais qui mérite la sympathie des esprits cultivés. — C'est l'organisation de la représentation intégrale du pays. Donnez-nous cette démocratie.

Lord Houghton, le comte de Shrewsbury et le vicomte Stratford de Redcliffe pa·'èrent dans le même sens.

La clause fut adoptée par 142 voix contre 51, à la majorité de 91 voix.

La clause spéciale à la cité de Londres fut ensuite adoptée sans division.

Ainsi que le chancelier de l'Échiquier le fit observer à la Chambre des communes (1), la minorité se composait presque entièrement de membres du ministère. Aussi le gouvernement sans dissimuler à la Chambre des communes son éloignement pour le principe de la représentation des minorités, lui demanda d'accepter l'amendement des lords afin de ne pas compromettre le succès du bill. M. Disraëli s'abstint donc de prendre part aux débats. Mais M. Gladstone, rappelant l'ardeur qu'avait mise le chancelier de l'Échiquier à combattre la motion de M. Lowe, put se féliciter ironiquement de l'avoir pour leader. La proposition Cairns avait ainsi la mauvaise fortune d'être désavouée par un des leaders de la Chambre et formellement combattue par l'autre.

La motion de rejet fut faite par M. Bright (2).

Le caractère de la proposition qui nous est soumise n'est pas douteux, dit M. Bright. Il ne s'agit pas de donner une représentation aux minorités, mais de refréner la démocratie, de parer aux dangers que nous fait courir le bill extravagant du chancelier de l'Échiquier. Il est incompréhensible que des démocrates comme l'honorable membre pour Westminster, votent une semblable mesure. Ils estiment sans doute que c'est se rapprocher du principe de la représentation intégrale dont ils sont les partisans. Mais personne ne songe à mettre en pratique le système de M. Hare, et dès lors on commet une injustice sans mélange à l'égard des bourgs « three-cornered. »

Le chancelier de l'Échiquier a parlé de la majorité considérable que la proposition a réunie dans la Chambre des lords; mais dans cette Chambre une proposition analogue, celle de M. Lowe, a eu contre elle une majorité bien plus considérable, d'autant plus respectable qu'elle s'est formée dans la Chambre dont les priviléges sont en question.

C'est une nouveauté dont personne ne réclame l'introduction, dont le gouvernement ne veut pas, dont le principe n'a été discuté dans aucun meeting, qui est contraire à toutes nos traditions. — Depuis que nous avons un Parlement, les minorités ont toujours pris leur parti de la défaite — j'entends lorsque la lutte a été loyale, — et n'ont attendu que du temps l'accroissement de leur nombre et leur transformation en majorité.

M. Bright reprochait encore à l'amendement d'introduire une différence injustifiable et inconstitutionnelle entre l'élection devant

(1) *Hansard*, t. CLXXIX, col. 1110.
(2) *Hansard*, t. CLXXXIX, col. 1125 et suiv.

les « hustings » (1) et l'élection au scrutin, puisque c'est seulement lorsque le résultat de l'élection préliminaire serait contesté que les électeurs seraient privés du droit de voter dans l'élection définitive pour les trois candidats.

L'amendement est encore contraire au principe de la représentation des communautés. Désormais, chaque collège aura deux voix, l'une dira blanc, l'autre noir : c'est ainsi qu'un jongleur fait sortir de la même bouteille du porto, du champagne, du lait et de l'eau.

Enfin M. Bright, après avoir reproduit plusieurs des arguments présentés dans les précédentes discussions, invoquait l'opinion des électeurs des quatre grandes villes intéressées dans la question. Leur sentiment s'était manifesté dans un meeting tenu à Manchester. Ils suppliaient la Chambre de leur retirer ce funeste présent d'un membre supplémentaire qui semblait n'avoir pour objet que de neutraliser l'un des représentants qu'ils possédaient déjà.

M. Beresford-Hope opposa aux prétentions de M. Bright et de ses électeurs la modération dont faisaient preuve les conservateurs de Stocke-upon-Trent, en réservant un siège à la minorité libérale. M. Bright est l'avocat du nombre. Grand est le pouvoir du roi Mob : voilà sa devise. Il néglige les nombres au-dessous de mille. La multitude lui plaît parce qu'elle est multitude. Il tombe cependans sous le sens que dans les grandes villes les minorités aussi sont nombreuses. M. Bright nous annonce que cinq mille électeurs de Manchester refusent le troisième membre dont on veut les gratifier. Mais puisqu'il aime à se reporter aux vieilles époques de notre constitution, qu'il se rappelle qu'autrefois, les bourgs se souciant peu d'être représentés au Parlement, le gouvernement les contraignait à élire leurs représentants.

On parle de nouveauté. Mais nous nous embarquons sur une mer inconnue, à la recherche de terres inexplorées, pourquoi monter sur nos antiques vaisseaux ? On introduit dans le corps électoral des millions d'électeurs dont la valeur reste à démontrer.

---

(1) Jusqu'en 1872, les candidats étaient présentés au peuple dans des baraques en planches (*hustings*) élevées sur une place publique, ouvertes sur le devant et divisées en autant de loges qu'il y avait de concurrents. Après les harangues des candidats, l'officier électoral interrogeait la foule et proclamait le résultat de l'élection à mains levées ; l'élection était définitive si les candidats évincés ne réclamaient pas le scrutin. Une loi de 1872, connue sous le nom de « *ballot act* », a maintenu les trois actes de l'élection, mais en a changé le caractère traditionnel. Les « hustings », notamment, sont supprimés.

En admettant qu'ils aient toutes les qualités qu'on leur attribue, ils n'ont pas d'éducation politique. Quelles que soient les fautes commises par les vieilles classes gouvernementales, ce sont elles qui nous ont donné la liberté civile et religieuse, la réforme de 1832 et le libre-échange. Ces classes ont certainement le droit de conserver quelque place dans l'édifice politique que leur génie a élevé.

M. Knatchbull-Hugessen répondit à son tour à l'argumentation de M. Bright. M. Bright a dit : deux membres du Parlement siègent pour Birmingham. Cette ville doit avoir une représentation plus large qu'un bourg comme Arundel. Mais si vous donnez un troisième membre à Birmingham et que vous le fassiez élire par la minorité, il tiendra en échec un des élus de la majorité et de la sorte, Birmingham n'aura qu'un représentant comme Arundel. — On peut répondre que M. Bright et son collègue ne représentent pas Birmingham tout entier, mais seulement 6 ou 7.000 électeurs sur 10 ou 12.000. 4 ou 5.000 électeurs ne sont pas représentés, bien qu'ils forment un groupe bien plus nombreux que plusieurs Arundel. — Sans doute, en ce qui concerne les intérêts de parti, les trois membres de Birmingham se diviseraient ; deux passeraient dans un couloir, le troisième dans l'autre. Mais dans les nombreuses questions où l'intérêt de parti n'est pas engagé, dans toutes les questions d'intérêt local, dans toutes celles qui touchent aux intérêts commerciaux et manufacturiers dont l'importance donne à Birmingham le droit de faire entendre sa voix, les trois membres se rencontreront dans le même couloir Au surplus, pourquoi un troisième membre est-il donné à Birmingham, à Manchester? C'est pour tenir compte de leur importance dans le pays. Mais cette importance dépend-elle de la majorité des électeurs? Le grand corps des marchands conservateurs de la Cité de Londres compte-t-il pour rien dans l'importance de ce collège?

L'honorable membre pour Birmingham parle aussi de la population de ces villes. Cet argument est bien dangereux. Tout à l'heure on comparait Birmingham à Arundel. Mais on peut faire d'autres comparaisons. 331 des membres de cette Chambre sont élus par 200 bourgs de l'Angleterre et du pays de Galles. Plus de la moitié de la population de ces bourgs montant à 9.000.000 d'âmes est contenue dans 17 collèges, les 8 collèges métropolitains (y compris Greenwich) et 9 autres grands bourgs. Ces 17 collèges ont 34 représentants. Si l'on tenait compte de la population, ils en devraient avoir plus de 160 dont 83 seraient attribués aux collèges métropolitains. Que resterait-il au 11 millions d'habitants des petits bourgs

et des comtés ? L'argumentation de M. Bright mène droit à l'établis-
sement de districts électoraux et à une rénovation complète de la
distribution du pouvoir électoral dans ce pays.

Examinant ensuite les avantages que présentait la clause.
M. Knatchbull-Hugessen reproduisit la plupart des arguments invo-
qués dans les discussions précédentes.

Après divers discours en sens contraire de MM. Newdegate,
Goschen, et Hubbard, M. Gladstone prit la parole.

Le gouvernement, après avoir engagé la Chambre a voter l'amendement, s'était abstenu de prendre part à la discussion. M. Glasd-
tone manifesta les regrets que lui causait cette attitude. Il avait du
moins la satisfaction de penser qu'il exprimait le sentiment de la
majorité de la Chambre qui sans doute ne voudrait pas se déjuger.

La mesure qui vous est soumise constitue une innovation importante et par son objet actuel et par l'extension qu'elle peut recevoir.
Il appartient aux conservateurs de l'Angleterre de nous venir en
aide pour sauvegarder les vieilles institutions du pays. Je suis mauvais calculateur en ces matières ; mais je crois que le résultat
immédiat de la mesure sera favorable au parti libéral. Cela ne peut,
à aucun degré, altérer mon opinion. Supposez une élection con-
testée importante, et songez aux manœuvres, aux pressions qui se
produiraient ; l'électeur ne serait plus un être raisonnable et doué
de pensée, mais une unité qu'il faudrait faire voter pour A et pour B,
ou pour A et pour C, ou pour B et pour C.

En ce qui concerne l'influence du vote limité sur les contestations électorales dont je ne méconnais d'ailleurs pas l'utilité, j'estime
qu'il ne serait pas mauvais de diminuer les contestations. Aussi
longtemps que les Anglais seront Anglais il y aura des élections
contestées.

Mais je ne suis pas partisan du vote limité. La seule représentation des minorités qui soit bonne et honnête est celle qui se produit naturellement à la faveur d'une élection portant sur trois
sièges.

On a dit que nous marchions en Angleterre vers la substitution du
principe de la représentation des personnes à celui de la représentation des communautés. Les partisans de cette idée, M. Stuart Mill,
par exemple, considérant que la mesure proposée repose sur ce
nouveau principe, l'adoptent dans l'espoir qu'elle sera plus tard
développée. D'autres membres estiment que la portée pratique de
l'amendement est si restreinte qu'il n'y a aucun danger à le voter.
Il ne m'appartient pas de blâmer les uns ou les autres, mais on
voit la divergence absolue des vues de ceux qui se rencontreront

ce soir dans le même couloir. Aux conservateurs de réfléchir aux conséquences de leur vote.

On a donc proclamé le principe de la représentation personnelle. La Chambre des communes — la plus ancienne, la plus grande, la plus vénérable assemblée législative du monde, et aussi dans un autre sens la plus jeune, celle dont l'avenir est le plus brillant — la Chambre des communes a été de tout temps exclusivement composée de représentants des communautés. Il faudra si l'on change ce principe modifier les termes de l'ordre royal adressé aux habitants de la cité de Londres, du South-Lancashire, de Manchester, Liverpool, etc... On ne convoque pas la majorité de ces bourgs à élire des représentants et la minorité à en élire d'autres. Les membres du Parlement représentent l'ensemble de la communauté.

On ne peut nous presser de voter, sans études, sans réflexion, neuf jours à peine après que la proposition en a été faite à la Chambre des Lords, une mesure qui entraîne une modification aussi grave. Il faut nous donner le temps de considérer s'il ne faut pas faire du nouveau principe une entière application, et si en ne l'admettant que partiellement, on ne l'inaugure pas en commettant la plus grave des injustices.

Le chancelier de l'Échiquier a proclamé qu'il avait le plus grand souci de n'opérer aucun « disfranchisment ». Eh bien! prenez la cité de Londres. Supposez qu'il y ait 20.000 électeurs (Le South-Lancashire en a davantage). Chaque électeur a aujourd'hui pour un vingt millième le droit de choisir les quatre représentants de la cité. Vous allez lui enlever le quart de son pouvoir électoral. En choisissant les électeurs de certaines villes pour faire l'expérience de votre combinaison, vous commettez une injustice. Et quelles villes choisissez-vous? Celles qui sont à la tête de l'opinion. La traite des noirs, la législation des céréales, le libre-échange, la réforme parlementaire, toutes les grandes réformes se sont préparées dans ces grands collèges. Vous les frappez cependant.

On objecte que sous le régime actuel 250.000 électeurs, par exemple, sont privés de représentation, que ce groupe est intelligent, considérable. Prenez garde qu'en raisonnant de la sorte, vous reconnaissiez le principe du nombre. Vous dites : la majorité de Liverpool n'aura pas le droit de nommer le troisième membre parce que 250.000 électeurs n'ont pas de représentants. Soit, donnez leur un représentant. Mais que ce ne soit pas aux dépens de la majorité. Savez-vous où est actuellement la représentation des minorités? à Arundel, à Marlborough, à Honiton. Pourrez-vous maintenir le privilège de ces bourgs, si vous admettez le droit arithmétique de la minorité de Liverpool? Vous donnez à Beverley un membre par 5.000 habitants. Liverpool en a un pour 100.000 habitants. Je pense que le membre pour Beverley votera avec nous cette nuit, car nous luttons pour les communautés. Vous risquez de donner aux majorités de ces villes le droit de se prévaloir de leur nombre ; et vous en arriverez à diviser le pays en circonscription électorales d'égale étendue.

Après un discours de M. Lowe, la motion de M. Bright fut rejetée par 253 voix contre 204 à la majorité de 49 suffrages.

L'amendement de la Chambre des Lords relatif à la cité de Londres fut ensuite approuvé presque sans débat par 252 voix contre 188 à la majorité de 64 voix.

Dès le 14 février 1870, deux ans à peine après la première application de la clause des minorités aux élections parlementaires, M. Hardcastle déposa à la Chambre des communes, de concert avec MM. Vernon Harcourt et Th. Potter, un bill tendant à l'abrogation de cette clause dans les actes de 1867 et de 1868 (1). Suivant l'usage, la première lecture du bill Hardcastle ne donna lieu à aucune discussion (2). Néanmoins, M. Gladstone, alors premier ministre, en profita pour prendre position : il rappela que la Chambre, en 1867, s'était prononcée contre la représentation des minorités, que la clause dont M. Hardcastle demandait l'abrogation ayant été introduite dans la loi sur l'initiative des lords, la Chambre des communes n'y avait adhéré que pour ne pas compromettre le sort de la réforme électorale tout entière. M. Gladstone indiquait ainsi qu'il soutiendrait le bill; mais, comme il le déclara formellement au cours de la seconde lecture, il ne faisait pas de son adoption une question de cabinet (3).

La seconde lecture occupa la séance du 15 juin (4) : appuyée par MM. Hardcastle, Gladstone, Graham, Henley et Hibbert, la proposition fut combattue par MM. Collins, Morrisson, Hardy, Walter, Newdegate, Dodson, Buxton, Fawcett, Rathbone, Disraëli, le

---

(1) Le premier de ces deux actes vise les élections anglaises, le second les écossaises.

(2) *Hansard*, t. CXCIX, col. 267 et suiv.

(3) Il est à remarquer que M. Lowe, chancelier de l'Échiquier dans le ministère Gladstone, l'un des plus ardents partisans de la clause des minorités en même temps qu'opposé de la réforme électorale, n'assista pas aux débats du bill Hardcastle. Cette absence fut très vivement critiquée par les adversaires du bill.

(4) *Hansard*, t. CCII, col. 123 et suiv.

colonel Loyd Lindsay et sir G. Grey. Avec le débat de 1867 c'est la
seule occasion où les deux leaders des partis whig et tory prirent
part à une discussion de ce genre en matière d'élections législatives;
encore M. Disraëli ne le fit-il que dans une mesure très restreinte ;
il déclara seulement que tout en demeurant hostile au principe de
la représentation des minorités comme il l'avait été en 1867, il
croyait cependant inopportun de modifier l'acte de réforme après
une expérience si courte et limitée à un si petit nombre de circonscriptions qu'elle n'altérait pas sensiblement le caractère de la
Constitution anglaise. Tous les autres orateurs entendus par la
Chambre en cette occasion étaient des hommes de seconde, voire
de troisième ligne ; il en fut de même dans la plupart des débats
ultérieurs, où d'ailleurs, de même qu'en 1870, libéraux et conservateurs se partagèrent également entre les deux camps adverses.

L'esprit de parti proprement dit n'était pas en jeu en effet, tous
les orateurs le reconnurent successivement. Les libéraux, partisans
du bill Hardcastle, M. Hardcastle lui-même, combattaient dans une
certaine mesure contre leurs propres intérêts : dans les six circonscriptions urbaines où la clause des minorités était appliquée,
les bénéfices avaient été égaux pour les torys et les whigs; dans les
sept circonscriptions rurales, au contraire, c'étaient en général des
libéraux qui avaient été élus à la faveur du vote limité (1). Ce fait,
établi par M. Hardcastle au début de son discours du 13 juin, était
de nature à donner à sa proposition une certaine apparence de
désintéressement qui ne pouvait lui nuire.

Lord Cairns, poursuivait M. Hardcastle, lord Cairns a donné à la
Chambre des lords, en 1867, deux arguments principaux en faveur
du vote limité dans les circonscriptions élisant trois députés. Le
premier peut se résumer ainsi : n'accorder que deux voix à l'électeur, ce n'est pas lui faire tort, mais le placer dans la même situation que s'il votait dans une circonscription élisant seulement deux
députés. Mais autant vaudrait dire qu'on peut enlever un député
à la circonscription sans lui faire de tort. Lorsque après avoir
accordé trois députés à tel collège, à raison de sa richesse, de son
importance industrielle ou commerciale, vous décidez ensuite que
la majorité des électeurs ne pourra y élire que deux députés sur
trois, vous diminuez d'autant le poids que vous aviez d'abord attribué aux volontés de ce collège dans le règlement des affaires
publiques (2).

(1) M. Collins déclara que le système faisait perdre trois sièges aux conservateurs sur l'ensemble des circonscriptions auxquelles il s'appliquait.
(2) Ce même argument, présenté sous une forme plus frappante, se re-

Le second argument de lord Cairns portait sur la nécessité de permettre aux personnes étrangères aux agitations électorales de se faire représenter, et d'ouvrir les portes du Parlement aux candidats recommandables par leur science ou leur valeur morale, mais n'ayant point d'intérêts dans la localité où se fait l'élection. Or, l'expérience a donné tort à lord Cairns sur ce dernier point : il n'y a pas eu un seul exemple d'un député élu par la minorité et n'ayant point d'intérêts commerciaux ou industriels dans la circonscription même ; des hommes célèbres pour leurs opinions philanthropiques, comme J. Hoare, à Manchester, ou pour leur passé politique, comme M. Massey, à Liverpool, ont été sacrifiés à des candidats locaux.

Joignez à cela que le système de 1867 n'est pas applicable aux élections partielles : la majorité s'empresse de reprendre le siège occupé par la minorité ; à Londres, un conservateur, élu de la minorité, étant mort, a été aussitôt remplacé par un libéral. Il se produit dans ce cas le même fait que dans toutes les circonscriptions élisant moins de trois députés : la majorité seule fait entendre sa voix (1).

On dira peut-être que ces inconvénients proviennent de l'institution du vote limité ; qu'avec le système Hare, par exemple, ils dis-

trouve dans le discours prononcé à Leeds par M. J. Bright, le 18 octobre 1883, à la suite de la conférence nationale du parti libéral tenue dans cette ville. Actuellement, disait M. Bright. 112 villes ont droit à 176 députés ; quatre, d'après la loi de 1867, en ont douze, à raison de trois chacune. Qu'arrive-t-il dans ces quatre dernières avec la représentation des minorités ? Sur douze députés, un tiers élu par la minorité annule à la Chambre des communes le vote d'un des deux autres tiers élus par la majorité. Les quatre villes ne comptent donc en réalité dans les scrutins politiques que pour quatre voix ; c'est dire qu'elles sont dans une situation égale, parfois même inférieure à celle d'autres circonscriptions urbaines beaucoup moins importantes, et ce résultat est manifestement contraire à la pensée primitive du législateur qui leur avait assigné trois représentants.

(1) On pourrait peut-être citer l'exemple contraire de Manchester : dans une élection partielle d'octobre 1883, le parti libéral, qui forme la majorité dans cette ville, renonça à présenter un candidat pour laisser le siège au parti conservateur qui l'avait occupé aux élections générales de 1880, en vertu de la clause des minorités. Ou bien il y a là un admirable exemple des mœurs politiques anglaises que l'on ne saurait trop mettre en lumière ; ou bien l'attitude du parti libéral a été commandée par des considérations plus machiavéliques que désintéressées. L'élection d'un troisième député libéral, que l'on était certain de ne pouvoir faire réélire au prochain renouvellement intégral de la Chambre des communes, eût pu, en effet, rendre la lutte plus difficile, en forçant le comité libéral à choisir entre trois députés sortants les deux candidats qu'ils présenterait à nouveau aux suffrages des électeurs.

paraîtraient et qu'alors le principe, excellent en soi, de la représentation des minorités, recevrait utilement son application. Mais ce système, outre qu'il opérerait une véritable révolution dans la constitution, est inapplicable : il est trop compliqué; les listes de candidats y sont trop longues pour que l'électeur puisse voter en connaissance de cause; les suffrages se porteraient soit sur les candidats locaux, ce qui reviendrait au même que dans le système actuel, soit sur les chefs de listes, les seuls vraiment connus du pays; ou bien, si l'électeur n'a point de fortes convictions politiques, il voterait suivant les préférences de telle association, les Teetotalers ou toute autre, et ce ne seraient plus des opinions politiques qui seraient représentées.

D'ailleurs, le principe même est-il aussi bon qu'on veut bien le dire? Au fond, c'est un expédient, presque une ruse (*a dodge*) pour assurer aux minorités un pouvoir qui doit appartenir à la majorité. Il ne faut pas perdre de vue qu'en Angleterre, la Chambre représente des corps représentatifs (*is the representative of representative bodies*) et non point des individus; les députés d'une circonscription doivent apporter ici l'opinion de la majorité de la communauté qu'ils représentent. Quant à la minorité, Cobden a tracé son rôle dans la dernière lettre qu'il a écrite avant de mourir :

« Après tout, disait Cobden, c'est l'opinion qui doit être représentée. Si la minorité croit que les vraies opinions sont celles qu'elle professe et non celles de la majorité, qu'elle discute, qu'elle fasse de l'agitation jusqu'à ce que ses opinions acquièrent la prédominance. »

A peine M. Hardcastle avait-il terminé son discours, que M. Collins réclamait la question préalable, disant que la discussion viendrait avec bien plus d'à-propos lorsque le Parlement serait saisi d'un projet de nouvelle répartition des sièges. Pour lui, d'ailleurs, la modification de l'acte de 1867 aurait eu deux conséquences également fâcheuses : elle aurait empêché la minorité d'être représentée; elle aurait permis aux électeurs, habitant certaines circonscriptions, de voter pour plus de deux députés, ce qui, disait-il, était absolument contraire à la tradition, et, à l'appui de cette manière de voir, M. Collins rappelait qu'avant 1832 l'électeur ne disposait jamais que de deux voix, qu'en 1832 on créa plusieurs districts à trois députés, mais que depuis cette époque la Chambre s'était, à plusieurs reprises, montrée hostile à l'accroissement du nombre de ces districts, et qu'en instituant le vote limité en 1867, on avait repris l'ancienne tradition anglaise.

De 1832 à 1852, poursuivait M. Collins, les districts à trois

députés n'ont pas été représentés par des députés de même nuance ;
on ne votait pas alors pour une liste entière avec la discipline que
nous avons vue depuis 1852 ; la minorité trouvait le moyen d'obtenir un ou deux sièges. Lorsqu'une organisation plus savante des
partis a permis à la majorité d'absorber à son profit toute la représentation d'un de ces districts, il a fallu chercher un correctif : de
là la tentative faite par lord J. Russell en 1854 ; de là le système
inauguré en 1867.

On veut abroger ce système. Mais pourquoi ? Le député élu par la
minorité réunit plus de voix que chacun des deux élus qui se parta-
gent les voix de la majorité (1). Pourquoi vouloir que ses électeurs
ne soient plus représentés ? On ne saurait dire qu'ils le sont suffisamment par le député de leur parti élu dans une autre circonscription : la représentation serait virtuelle, non directe ; de plus,
tel district conservateur a intérêt à élire un commerçant, tel autre
un industriel ; dira-t-on qu'une minorité conservatrice industrielle
sera suffisamment représentée par le commerçant conservateur élu
dans quelque autre localité ? Cela n'est pas soutenable. Avec de
semblables idées on dégoûterait vite les minorités de la vie politique (2).

En prenant la parole pour répondre à M. Collins, M. Gladstone
n'hésita pas à reconnaître, lui aussi, que les dispositions de l'acte
de 1867 avaient tourné à l'avantage des libéraux. Mais, disait-il, ce
résultat ne change en rien les principes qui doivent régir la matière.
M. Collins a combattu le système de la triple représentation de
certains districts ; il n'a pas soutenu la représentation des minorités. L'honorable membre a prétendu que la tradition constante
jusqu'en 1832 était de ne jamais donner plus de deux voix à un
électeur : or de tout temps, la cité de Londres a eu quatre députés ;
il en était de même autrefois pour le bourg de Melcombe Regis, et
au commencement du siècle pour le comté d'York. La tradition

(1) Voici quelques chiffres fournis par M. Collins au cours de son argumentation :

Dans le Berkshire,	2 députés conservateurs ont réuni	3,200 voix ;	1 libéral a eu	2,500 voix.
— Cambridgeshire, 2	—	3,700 —	1 —	3,200 —
— Herefordshire, 2	—	3,300 —	1 —	2,000 —
— Hertfordshire, 2 députés libéraux	—	3,600 —	1 conserval.	3,300 —
A Liverpool, 2	—	16,000 —	1 —	15,000 —

(2) Sans se prononcer formellement à cet égard, M. Collins était de ceux
qui estiment qu'une nouvelle distribution des sièges, en prenant la population pour base de la formation de collèges à un député, suffirait à assurer la
représentation des minorités, telle qu'on la conçoit en Angleterre.

est donc loin d'être aussi constante qu'a bien voulu le dire
M. Collins.

S'agit-il de savoir si les minorités doivent être représentées? Pas
le moins du monde : elles l'étaient avant 1867 et le seraient aujour-
d'hui sans clause spéciale. Dans les collèges à trois et même à deux
députés, il est difficile de faire voter un électeur pour une liste
entière; d'ailleurs la minorité d'un collège est majorité dans un
autre.

Lorsqu'en 1867 le bill revint amendé par la Chambre des lords,
M. Disraëli, hostile au nouveau principe, le soutint cependant par
esprit de déférence et de transaction. Quant aux véritables partisans de cette innovation, ils se contentaient pour l'instant d'une
expérience restreinte, sauf à la généraliser plus tard. L'expérience
s'est faite; elle a été peu favorable, vexatoire même dans plusieurs
circonscriptions; le système a été condamné par l'opinion; il est
peu probable qu'on l'étende à de nouveaux collèges. Pourquoi ne
pas y renoncer?

On a parlé de l'acte de réforme de l'Université d'Oxford en 1851,
on a dit qu'il constituait un précédent sérieux en faveur d'une
clause spéciale garantissant la représentation des minorités. Mais
les considérations mêmes qui m'ont amené à recommander cette
clause pour une université, me conduisent à la combattre en
matière de représentation parlementaire. Et M. Gladstone conti-
nuait en ces termes :

« Le principe de la représentation parlementaire est que chaque
collège doit être considéré comme formant à lui seul une entité,
une communauté; ce dont nous avons besoin dans cette Chambre
c'est d'avoir l'opinion dominante de la communauté. Nous n'avons
pas besoin de voir, représentées en miniature, les diverses nuances
d'opinion qui peuvent sur le moment s'y rencontrer, mais de
connaître le sentiment de la majorité qui représente l'ensemble de
la communauté... Comme l'a si bien dit M. Disraëli en 1867 :
« Si les minorités ne sont pas satisfaites de l'état de choses actuel,
« qu'elles se mettent à l'œuvre et qu'elles multiplient leurs efforts
« jusqu'au jour où elles deviendront majorité. »

« Dans le cas d'Oxford, nous nous proposions un but précisément contraire. Ce but était de constituer l'Université en dehors
des collèges, parce qu'autrefois ces derniers l'avaient trop absor-
bée. Nous voulions avoir une représentation générale et désirant
vivement que les collèges ne fussent pas représentés comme des
entités distinctes, nous avons introduit la clause des minorités... »

Puis, passant à un autre ordre d'arguments et faisant allusion à

la prochaine introduction du secret du vote dans la législation,
M. Gladstone ajoutait :

« Il est évident que si la Chambre adopte le secret du vote, la
clause des minorités acquerra une importance et une force beaucoup plus considérables. Actuellement, il est possible à une grande
majorité qui surveille les opérations électorales, de se défendre
comme elle l'a fait à Birmingham, à Glasgow et ailleurs ; mais si le
vote secret est admis, cette manière de voter deviendra totalement
impossible, et la majorité sera privée des moyens de défense natu-
rels et légitimes qu'elle possède aujourd'hui (1) »

M. Gladstone terminait en promettant « son concours cordial »
à la proposition Hardcastle et en exprimant l'espoir que la majorité
qui avait repoussé la clause des minorités en 1867, avant le vote
des lords, se retrouverait en 1870 pour l'abroger.

Les trois discours qui viennent d'être analysés forment la partie
la plus importante du débat de 1870, et servirent de thème à tous
les autres orateurs. Parmi les partisans de la proposition Hardcastle, deux seulement méritent de retenir un instant l'attention.
M. Hibbert se prononça pour la division des grandes circonscriptions en collèges élisant un seul député. M. Henley, un conservateur, reprochait à la clause des minorités d'enlever toute liberté
aux électeurs : après une dissolution, disait M. Henley, les partis
se voient forcés de présenter à nouveau les députés sortants sous
peine d'être battus complètement, si ces députés sont en concours
avec des candidats de même nuance divisant les voix du même
parti.

Quant aux adversaires de la proposition, aux défenseurs du système de 1867, ce n'est pas sans formuler certaines réserves et
exprimer certains regrets qu'ils soutenaient leur thèse. Sir G. Grey
reconnut qu'à Birmingham, à Glasgow, partout enfin où la majorité était très considérable dans un sens, le vote limité n'avait
donné aucun résultat. M. Walter, élu de la minorité du Berkshire,
déclara qu'il avait occupé son siège avant même la réforme de
1867 ; il avoua que la clause avait pour effet de priver le candidat
de la minorité des voix modérées du parti adverse et de mettre
l'élu plus directement dans la main de ses électeurs, au détriment

(1) La pensée de M. Gladstone n'est pas ici très clairement exprimée, mais
se comprend aisément. Avec le vote limité ou le vote cumulatif, chaque
parti doit compter par avance les voix dont il dispose et dès que ses candidats ont obtenu le nombre de suffrages strictement nécessaire faire reporter
sur d'autres les voix des électeurs qui n'ont pas encore voté. Le vote secret
rend ce contrôle presque impossible.

de son indépendance. M. Rathbone avait été désappointé de voir
certains hommes éminents échouer malgré le vote limité; il expli-
quait en partie ce fait par le désir très naturel qu'a un chef de
parti d'être le premier député d'une circonscription et non point
l'élu de la minorité; il ajoutait que le vote limité permet à un
député de conserver son siège plutôt que d'en conquérir un.
M. Fawcett préférait le vote cumulatif au système en vigueur. Plusieurs enfin, MM. Walter et Dodson notamment, ne demandaient
le maintien du vote limité que jusqu'à une répartition nouvelle des
sièges sur la base d'un député par collège. Mais toutes ces nuances
d'opinion étaient effacées par des considérations d'ordre supérieur
que MM. Morisson, Newdegate, Buxton et Fawcett firent valoir avec
le plus d'énergie.

L'innovation introduite en 1867, disaient ces orateurs, est éminemment conservatrice et conforme aux traditions anglaises.
Autrefois, en effet, la représentation des minorités était assurée par
le moyen des bourgs pourris; aujourd'hui elle serait fort compro-
mise si l'on n'instituait, pour remplacer ces bourgs pourris, quelque
mécanisme spécial empêchant la majorité d'accaparer tous les
sièges. Voyez par exemple le Lancashire, auquel le système de 1867
n'est pas applicable : il compte 4 circonscriptions, élisant 8 députés qui sont tous conservateurs. Aux dernières élections, les
conservateurs ont obtenu 26.000 voix, les libéraux, 21,000 ; il suffirait donc de changer l'opinion d'un peu plus de 1.000 électeurs,
soit environ 4 p. 100, pour que les 8 députés actuels fussent remplacés par 8 libéraux, ce qui serait un changement de 100 p. 100
dans la représentation. Supposez que ce fait se généralise et toute
une moitié du pays ne sera pas représentée; en réalité, si la minorité a des députés, elle n'en a point un nombre proportionnel à
son importance.

On a parlé de Manchester où le conservateur a été élu avec plus
de voix que chacun des deux libéraux, de Liverpool et du Berkshire où la minorité a préféré un candidat local à un étranger éminent. A Manchester, les libéraux sont divisés, les conservateurs
unis; à Liverpool, dans le Berkshire, la minorité a cru être mieux
représentée par ceux qu'elle a choisis que par des étrangers si
éminents qu'ils fussent. Ces faits ne sont pas de nature à infirmer
le principe.

Le principe, quel est-il? Le Parlement n'est pas destiné à enregistrer simplement les décisions des collèges électoraux; il a un
caractère délibératif. On n'est pas député de telle ville ou de tel
comté; on est membre du Parlement. Il y a utilité majeure à ce

que la minorité soit admise dans la Chambre pour éclairer les délibérations, car toutes les grandes réformes ont été accomplies péniblement et lentement par l'effort de minorités persévérantes. Dès lors, comment abandonner au hasard, aux accidents de la lutte électorale le soin d'assurer cette représentation (1). Un organisme spécial est nécessaire pour que toute minorité, tout groupe d'intérêts, voire même l'association des Teetotalers, puisse faire entendre sa voix au Parlement. Ce sera à la fois un stimulant, et pour la minorité et pour la majorité : la première sera encouragée à la lutte; la seconde ne sera plus tentée de s'endormir dans son triomphe.

Une dernière considération, toute anglaise celle-là, fit la plus grande impression sur la Chambre : malgré des réserves formelles sur le principe en jeu, M. Disraëli s'opposa à la proposition Hardcastle qu'il considérait comme prématurée. Au vote, la question préalable divisa les voix en deux parties égales : 181 contre 181. Pour permettre à la Chambre de se prononcer à nouveau, le speaker se joignit aux adversaires de la question préalable. Sur le fond, la proposition Hardcastle fut rejetée par 183 voix contre 175.

Le débat de 1870 est le seul où partisans et adversaires de la représentation des minorités dans les élections législatives se livrèrent une bataille sérieuse; les discussions de 1872 et de 1878 qui vont être résumées présentèrent un caractère tout théorique; mais la dernière, celle de 1878, est particulièrement intéressante à raison des vues politiques qui y furent développées.

La proposition Morrisson, discutée en 1872 (2), portait sur deux réformes qui, bien que distinctes en apparence, sont pour l'Angleterre en étroite corrélation l'une avec l'autre : nouvelle répartition des collèges électoraux sur la base de la population et avec trois députés par collège; application du système Hare ou du quotient préférentiel dans l'intérieur de chacun des collèges ainsi constitués. M. Morrisson n'avait d'ailleurs aucun espoir de triompher dans cette session même: sa seule ambition, il le dit lui-même, était de provoquer une discussion non point tant sur la représentation des minorités que sur la représentation proportionnelle des partis. En plaçant la question sur ce terrain, il se privait de l'une des armes les plus solides dont puisse disposer un orateur anglais ; en effet,

(1) M. Fawcett citait à l'appui un fait qui tient à la mauvaise distribution des sièges en Angleterre : dix députés avaient obtenu un total de 1870 voix et étaient entrés à la Chambre; dix candidats avaient échoué en réunissant 85,000 suffrages.

(2) *Hansard*, t. CCXII, col. 890 et suiv.

les hommes d'État britanniques, presque unanimes, on a pu le voir, à réclamer la présence d'une opposition dans les assemblées délibérantes, sont loin d'être d'accord sur la nécessité de donner à cette opposition une force exactement proportionnelle à celle dont elle dispose dans le pays légal.

Après avoir fait observer qu'aussitôt que le parti libéral, alors au pouvoir, serait rentré dans l'opposition, la réforme électorale lui servirait de cri de ralliement, M. Morrisson fit la critique du système actuel de répartition des sièges. Aujourd'hui, dit-il, ce sont des collections de maisons, des étendues de terrains qui sont représentées, les circonscriptions étant formées d'après leur importance relative ; il est grand temps de substituer à la représentation des choses matérielles celle des opinions, et, pour atteindre ce but, il faut arrêter le tableau des circonscriptions suivant le chiffre de la population. Dira-t-on aussi qu'il convient de tenir compte de la richesse publique pour faire cette nouvelle répartition? d'après les rendements de l'*income-tax*, on obtiendrait les mêmes résultats qu'en se bornant à considérer les données des recensements décennaux.

En partant de ce principe, on a proposé de former les collèges de manière à accorder un député à chacun d'eux. Ce système, l'exemple de l'Amérique le prouve surabondamment (1), ce système conduit à arranger les circonscriptions suivant l'intérêt de tel ou tel parti ; en Angleterre même, en 1868, on a découpé le West Riding, contrairement aux lois géographiques, pour y tailler une circonscription conservatrice ; de même à Darmouth, après la réforme de 1832, pour y trouver une majorité libérale. D'autre part, ce procédé empêche les électeurs de choisir leurs candidats, et il rend les comités omnipotents ; il fait entrer à la Chambre un nombre considérable de médiocrités. Ici encore l'exemple de l'Amérique est concluant, et l'on peut ajouter que, dans un pays où les partis se serrent de près, la tentation est grande de s'assurer la majorité en corrompant quelques électeurs.

Il convient donc de donner plusieurs députés à chaque circonscriptions ; néanmoins l'importance du suffrage accordé à chaque électeur doit être égale. Il n'existe aucune raison de maintenir l'inégalité actuelle : pourquoi ici l'électeur n'a-t-il qu'une voix, alors que, dans la circonscription voisine, il en a 2, 3 ou 4, suivant le nombre des députés ? Quel que soit ce nombre, l'électeur ne doit

(1) M. Morrisson cita deux cas qui se sont produits dans les États de Massachusetts et d'Ohio.

avoir qu'une seule voix. Mais alors on rencontre un écueil : supposons un collège de dix mille électeurs élisant dix députés; si six
mille électeurs portent leurs voix sur un même candidat, les quatre
mille autres éliront les neuf députés restant; autrement dit, si les
votes sont gaspillés, ce sera la minorité du pays qui fera la majorité
du Parlement. Il a donc fallu chercher à éviter l'écueil; le système
Hare, appliqué en Danemark, paraît le plus satisfaisant à cet égard.
L'électeur vote sur une liste où il inscrit les noms de plusieurs candidats par ordre de préférence; lorsque le premier inscrit a obtenu
le nombre de voix nécessaires pour être élu (1.000 dans l'hypothèse
précédente), les voix qu'il obtient en surplus sont reportées sur le
deuxième, et ainsi de suite. Par là aucun gaspillage de votes ; par-
là aussi chaque électeur n'a qu'une voix, et il n'est pas à craindre
que des minorités trop infimes obtiennent des sièges puisqu'il faut
atteindre le quotient électoral pour être élu.

L'idéal sans doute serait d'avoir un collège unique pour tout le
pays; mais on n'y peut encore songer. En adoptant le système Hare
on fera un grand pas en avant; la corruption et l'intimidation
seront moins en usage; les électeurs intelligents reviendront au
scrutin dont ils s'écartent trop aujourd'hui ; les députés n'auront
plus besoin de s'humilier devant une minorité corrompue; les
nouvelles vérités enfin auront des représentants autorisés à la
Chambre et le Parlement pourra voter en connaissance de cause.

Deux orateurs seulement appuyèrent la proposition de M. Morrisson avec des arguments intéressants. M. Hughes revint principa-
lement sur cette considération que, le pays devenant de jour en
jour plus démocratique, il fallait rechercher tous les moyens d'empêcher l'autorité des cliques et des coteries, et constata qu'actuellement un tiers des électeurs se désintéressait de la politique.
M. Collins fit surtout le procès des petites circonscriptions électorales : elles sont utiles, dit-il, quand les patrons qui en disposent
font élire des hommes intelligents; sinon, elles sont extrêmement
nuisibles, car elles ouvrent le Parlement à des hommes « extrêmes,
fanatiques et bornés »; quant aux électeurs, ils sont mal représentés :
à Londres il y a 21 libéraux sur 22 députés, alors que un quart ou
un tiers des électeurs appartient au parti conservateur.

Les objections faites contre la proposition Morrisson ne portè-
rent pas à proprement parler sur le principe, mais sur la forme.
D'ailleurs, on ne saurait trop le faire remarquer, la question de la
représentation des minorités est constamment obstruée en Angleterre par celle de la mauvaise répartition des sièges. C'est presque
uniquement à ce point de vue que se placèrent la plupart des adver-

saires de M. Morrisson ; c'est sans doute aussi ce qui explique que parmi ces derniers, l'on rencontre M. Newdegate, l'un des plus fervents apôtres de la représentation des minorités.

Sir Ch. Dilke, MM. Blennerhasset et Newdegate reprochèrent surtout à la proposition de n'être pas applicable aux pays qui en ont le plus besoin, à savoir l'Écosse et l'Irlande (1), de ne pas établir l'égalité de suffrage dans les villes et comtés avec l'égalité de représentation, de maintenir les universités comme collèges électoraux distincts, de fondre le corps électoral des villes dans celui des comtés en conservant une franchise électorale différente, suivant qu'il s'agit d'un habitant de bourg ou de comté, de baser la répartition des sièges sur le chiffre de la population et non sur le nombre des électeurs, d'accroître enfin dans des proportions trop considérables le nombre des députés de certaines circonscriptions.

Quant à la représentation des minorités on en parla à peine. Sir Ch. Dilke émit la pensée qu'il ne faut pas trop se préoccuper d'assurer l'élection d'hommes illustres, car ces hommes ont peu de temps à donner aux intérêts de leur circonscription. Pour M. Blennerhasset, avec le système proposé, « le vrai titre à occuper un siège à la Chambre serait de n'être pas voulu par la grande majorité du collège que l'on représente nominalement... de ne pouvoir après les plus grands efforts, obtenir le suffrage d'un huitième des électeurs inscrits, et de ne pas réunir sur son nom une voix pour quatre voix données au candidat adverse. » M. J. Lowther enfin, partisan du principe, déclara que le vote unique est le plus déplorable procédé de représentation des minorités, car il diminue le pouvoir de l'électeur ; le vote cumulatif est bien préférable, parce les minorités respectables peuvent seules en tirer profit ; le vote limité a également donné les meilleurs résultats (2), et mieux vaudrait en étendre l'application que d'inaugurer un nouveau système.

Le gouvernement s'abstint d'intervenir dans le débat. La proposition Morrisson fut repoussée.

(1) M. Blennerhasset cita les faits suivants : en Irlande, 19 collèges comprennent un total de 120,000 habitants; 20 autres en ont chacun autant et n'élisent que 2 députés chacun; 59 députés représentent 6,000 électeurs et 1,500,000 habitants; 42 députés représentent 157,000 électeurs et 4,000,000 d'âmes. Il résulte évidemment d'une telle organisation que la majorité du Parlement peut souvent représenter la minorité des électeurs, celle même du pays, et l'on comprend aisément que l'Angleterre soit en général plus désireuse de faire une nouvelle répartition des sièges que de s'occuper des minorités.

(2) Le speaker de la Chambre, M. Brand, lui devait son siège au Parlement.

Il faut arriver à 1878 pour rencontrer en Angleterre un nouveau débat parlementaire sur la représentation des minorités dans les élections législatives (1). Bien qu'en 1872, un orateur eût déclaré que la question faisait chaque jour de grands progrès, l'opinion publique ne semblait pas très vivement intéressée à en juger par ce qui se passa en 1878; la Chambre, en effet, ne se trouvant plus en nombre après quelques discours, la séance dut être levée sans qu'aucune décision eût été prise. Néanmoins, la discussion qui eut lieu à cette occasion est du plus haut intérêt; M. Courtney, l'un des hommes les plus éminents du parti radical, y prit une part active, et la représentation des minorités fut ouvertement présentée comme une sorte d'antidote aux maux inséparables de la démocratie.

Le débat naquit d'un projet de résolution présenté par M. Blennerhasset et disant qu'il est désirable « que tout le corps électoral soit mis à même de jouir de cette représentation directe aujourd'hui réservée aux majorités; qu'aucune sécurité effective n'existe pour la juste représentation des minorités, et que, dans toute la mesure du possible, toutes les opinions devraient avoir le moyen d'être représentées, en proportion exacte avec le nombre des électeurs qui les professent. »

Il est bien évident qu'un seul système peut donner satisfaction aux divers désirs exprimés par M. Blennerhasset : celui de M. Hare, ou du quotient, avec l'unité absolue du collège et les listes de préférence. Aussi l'auteur de la motion l'indiquait-il avant tout autre, sauf à laisser à un comité de la Chambre le soin d'étudier de plus près la question, et justifiait-il son choix par une critique du vote limité et du vote cumulatif, le premier permettant à une majorité bien organisée d'écarter la minorité, le second incertain dans ses résultats et amenant un grand gaspillage de votes. Les deux procédés sont également empiriques comparés au système Hare.

En tout cas, une réforme est nécessaire, disait M. Blennerhasset après avoir rappelé les opinions de Stuart Mill et de Prévost Paradol. Aujourd'hui les comités sont tout-puissants; les hommes distingués sont exclus de la Chambre; aux dernières élections, les candidats malheureux ont obtenu 891,000 voix, la Chambre a été élue par 1,593,000 électeurs; à un moment donné la majorité de la Chambre peut donc représenter la minorité du pays, surtout si l'on considère la valeur inégale d'un suffrage suivant telle ou telle

(1) Communes, 8 mars 1878; *Hansard's* t. CCXXXVIII, col. 979 et suiv.

circonscription, puisque le nombre des électeurs ayant droit à un député et partant l'importance de chaque vote varie dans la proportion de un à cent cinquante. On parle de représentation indirecte des minorités; mais d'abord elle n'est pas proportionnelle; puis c'est dire que deux injustices se compensent, car dans deux circonscriptions on suppose une minorité sacrifiée.

On objecte que le système détruira le caractère local de la représentation : ce caractère sera maintenu dans son ensemble; d'ailleurs, le principe ne doit pas être poussé trop loin, car on est député du pays, non d'un collège. On dit encore que cela ouvrira les portes du Parlement à des maniaques, à des hommes à lubies (*crotchets*) ; le système actuel ne l'empêche pas; et quand même? si ces lubies sont partagées par un grand nombre de personnes, elles doivent être représentées; toutes les idées nouvelles sont l'œuvre de la minorité, et il ne suffit pas d'une pétition pour les faire connaître à la Chambre, car la pétition ne fait pas connaître la valeur relative qu'elles ont dans le pays.

En excluant la minorité, la Chambre est privée de très bons éléments, d'éléments modérés; les libéraux des comtés, les conservateurs des villes, toujours battus par le parti adverse. Il y a plus : l'extension de la franchise électorale est imminente; la répartition des électeurs en collèges électoraux égaux en sera la conséquence nécessaire et prochaine; partout les électeurs pauvres et ignorants auront ainsi la majorité; le pouvoir étant partout aux mains de la même classe, la représentation nationale sera uniforme et par conséquent affaiblie. La proposition adoucira ces maux; elle ne privera pas la majorité de son droit d'occuper le pouvoir, mais elle empêchera la représentation nationale d'être accaparée par une seule classe de la population. La proposition n'est point réactionnaire, mais à la fois libérale et conservatrice : libérale, parce qu'elle assure la représentation exacte du pays et que chaque corps électoral sera vraiment en communauté d'idées avec son élu; conservatrice, parce qu'elle empêche la suprématie exclusive du nombre et qu'elle maintient dans la représentation nationale la variété, la discussion, la délibération utile; enfin, la proposition est une sauvegarde et contre la passion populaire et contre la réaction oligarchique.

A M. Blennerhasset succéda M. Balfour qui, bien que partisan du principe, estimait la proposition inopportune. On nous demande, dit-il, d'administrer un antidote pour un poison que la Chambre a refusé de prendre en rejetant tout récemment un bill de réforme électorale déposé par M. Trevelyan. La réforme est pour longtemps

ajournée, et c'est lorsqu'elle reviendra en discussion qu'il conviendra d'examiner la question soulevée par M. Blennerhasset.
Mais, en tout cas, il ne faut point parler du *droit* de la minorité, ce
n'est point affaire de *droit*, mais d'utilité et d'opportunité; la
Chambre n'a d'autre mission que d'organiser le meilleur mécanisme parlementaire pour expédier la besogne. Quand le suffrage
sera étendu, de grands courants politiques se formeront; les pas-
sionnés formeront la majorité, les gens à sang-froid seront avec la
minorité. Alors il conviendra d'assurer à ces derniers une place au
Parlement; mais aujourd'hui il suffit d'avoir discuté la question;
un vote serait complètement inutile.

A ce moment se place l'incident capital du débat, le discours
de M. Courtney, ardent partisan de la proposition. L'éminent
orateur débuta par un brillant exposé des inconvénients du système en vigueur, montrant que, suivant la répartition des collèges,
le verdict peut différer du tout au tout avec un même corps
électoral. Aux dernières élections générales le Lancashire a élu
vingt-deux conservateurs avec 102,000 voix, et onze libéraux avec
101,000 voix; cela parce que les libéraux sont accumulés dans le
district de Manchester. Supposons un collège unique comptant
10,000 électeurs, dont 6,000 d'un parti, 4,000 de l'autre, élisant
10 députés; ces 10 députés seront du parti dominant. Mais divisez
le collège en dix circonscriptions de 1,000 électeurs, élisant
chacune un député; il se peut que les 4,000 électeurs de la
minorité soient répartis à raison de 550 dans 7 districts, les 150
restant dans les trois autres; dès lors vous aurez 7 députés d'une
nuance qui n'a réuni que 4,000 voix, tandis que 6,000 électeurs
n'en auront pas plus de 3. Les catholiques romains qui sont un
million n'ont pas un siège au Parlement depuis la suppression du
collège d'Arundel; les ouvriers sont à peine représentés; Stuart
Mill a été exclu du Parlement par le district de Westminster et
cependant il compte, semble-t-il, assez de partisans dans le pays;
en 1867 on a sectionné 10 comtés qui ont élu 67 conservateurs et
7 libéraux; avec la représentation proportionnelle le rapport eût
été de 2 à 1. Qu'en résulte-t-il? A la Chambre c'est une majorité
de la majorité ainsi formée qui vote les lois; elle peut fort bien
représenter en fait la minorité du pays. Les deux partis qui se
disputent le pouvoir se privent du concours des éléments modérés,
l'on arrivera peu à peu à avoir deux camps extrêmes « comme en
France »; dans l'intérieur d'un même parti il n'y a plus de
nuances possibles. M. Gladstone se plaignait récemment de la
tendance qu'a la Chambre des communes à tourner « à la plouto-

cratie et à la gérontocratie »; plus le suffrage deviendra populaire, plus il en sera ainsi, plus aussi les hommes distingués entreront difficilement au Parlement.

Est-ce à dire que le système Hare soit seul capable de fournir le remède indispensable? Ce système semble n'avoir qu'un avenir éloigné; mais on pourrait généraliser dès maintenant le vote cumulatif en formant des circonscriptions à cinq ou six députés, de manière que chaque cinquième ou chaque sixième des électeurs puisse être représenté. M. Lowe, qui l'a proposé en vain en 1867, croit aujourd'hui que la démocratie supprimera toute disposition législative favorable à la représentation des minorités. Je ne le crois pas, disait M. Courtney : sans doute, la Confédération de Birmingham a réclamé cette suppression, mais c'est qu'elle sait fort bien que le pouvoir des comités, le sien même est menacé; il n'en résulte nullement que la démocratie soit du même sentiment.

« La Chambre en elle-même est une pure démocratie : chaque député y a autant de pouvoir qu'un autre. Où rencontre-t-on autant de protection pour la minorité?... On nous dit souvent que le flot démocratique nous envahira sous peu; mais il est déjà venu, et nous nous débattons au beau milieu... Depuis la réunion du Parlement actuel, nous avons vu, par intervalles, des courants d'opinion tantôt dans un sens, tantôt dans un autre; la prudence et la raison n'y étaient pour rien, mais un sentiment, une impression, une passion s'était emparé pour un instant de l'esprit public... »

Et après avoir rappelé l'affaire Plimsoll, la question de l'esclavage, la guerre d'Orient, pour montrer l'agitation populaire et son action sur les votes de la Chambre, comme sur les résolutions, parfois même les revirements du ministère, M. Courtney concluait :

« L'influence de la démocratie à l'heure actuelle commande donc la réflexion ; quand je songe à ce qui s'est passé depuis dix-huit mois, je suis vraiment reconnaissant que tout danger de guerre ait été écarté. Le gouvernement serait entré en campagne au milieu d'un éclat de l'enthousiasme populaire; mais il eût été bien fortuné si, douze mois plus tard, il ne s'était trouvé en butte à la défiance et au mépris. En pensant aux récentes perturbations de la passion populaire, qui peut dire ce qu'elle attaquera au premier jour? qui peut prévoir le résultat? En soutenant la motion de mon honorable ami, je ne puis, en tout cas, être accusé de ne pas rechercher quelque chose de réel, de solide, de substantiel. L'objet de la motion est de faire de la Chambre une image plus fidèle de la population, en y retenant des hommes dont les sièges ne seront point soumis aux vues changeantes de circonscriptions de hasard; c'est d'assurer ici, tout au moins, un refuge à la vérité, un refuge où un homme pourra dire ce qu'il pense, alors qu'il compterait mille ou dix mille adversaires; c'est d'assurer au gouvernement du pays l'ordre et la stabilité, en conciliant l'émancipation complète avec tout ce qui, dans le passé, a fait le pays grand, noble et fier. Il est aussi bien conservateur que libéral de vouloir identifier tout le monde avec le gouvernement; c'est seulement en s'attachant ainsi aux traditions du passé que l'on peut regarder l'avenir avec espoir. »

Ces éloquentes paroles ne parvinrent ni à réveiller l'intérêt de la Chambre ni à convaincre les adversaires de la proposition. M. Jenkins et sir G. Bowyer voulurent répondre aux théories exposées par M. Courtney; sans avoir le même talent, ces orateurs développèrent cependant quelques vues intéressantes qu'il est utile d'enregistrer ici.

M. Courtney se fait d'étranges illusions, dit M. Jenkins : une Chambre de 658 membres ne résistera jamais aux grands courants de la passion populaire, alors même que les minorités y seraient représentées. Actuellement d'ailleurs, il n'est pas d'opinion digne d'attention qui ne soit représentée au Parlement; si les catholiques en sont exclus, peut-on dire qu'ils aient eu à en souffrir? Nullement, et il est parfaitement inutile de recourir à un mécanisme compliqué; d'autant que ce mécanisme est nécessairement arbitraire : une minorité peu nombreuse peut néanmoins être très importante, et il n'existe aucun bon motif pour déterminer de telle ou telle manière le quotient de voix qui donnera droit à la représentation; on peut même dire que certaines minorités ne doivent pas être représentées, et que la présence dans la Chambre de députés élus par elles serait un malheur pour le Parlement. On a beaucoup parlé de l'Amérique; mais d'où provient la démoralisation politique de ce pays? De ce seul fait que la minorité riche s'abstient, et laisse la place libre aux ignorants. Pour éviter ce danger, on propose un mécanisme compliqué. Atteindra-t-on le but? « Je ne le crois pas et, pour ma part, je préfère laisser à la minorité la responsabilité de travailler au succès de ses idées... que de protéger les gens contre leurs propres fautes. » Et sir G. Bowyer, qui voulait l'égalisation des districts électoraux de manière que la majorité de la Chambre représentât bien réellement la majorité du pays, se refusait à aller plus loin que le système de 1867 dans la voie de la représentation des minorités : « En effet, disait-il, le gouvernement parlementaire est le gouvernement par les partis, le gouvernement par les majorités; une fois admis le principe de la

représentation des minorités, il sera très difficile de tracer la
limite où l'on doit s'arrêter; et, même si l'on y réussit, on détruira
dans bien des cas tout l'organisme du gouvernement de parti, en
mettant les partis en équilibre (1). »

MM. Heygate et Parker appuyèrent encore le principe de la proposition Blennerhasset, sans cependant se montrer partisans du
système Hare; pour eux, le danger était surtout dans les luttes de
classes qui résulteraient de la prochaine égalisation des collèges et
de la franchise, le remède dans la multiplication des collèges à trois
députés avec usage du vote limité. Répondant à sir G. Bowyer,
M. Parker fit une remarque ingénieuse : la tendance de la démocratie, grâce à l'accession d'électeurs moins éduqués que les
anciens, plus sujets à se laisser guider par des impressions fugitives,
est d'élire des majorités plus nombreuses dans un sens ou dans
l'autre, et d'augmenter ainsi les oscillations du pendule politique;
or, des majorités trop nombreuses sont peu profitables à ceux-là
même qui les dirigent, parce qu'elles sont peu dociles et peu
exactes dans l'expédition des affaires parlementaires.

A ce moment, le speaker ayant constaté que la Chambre n'était
pas en nombre, le débat fut suspendu; il ne fut pas repris :
M. Blennerhasset et ses amis étaient satisfaits d'avoir soulevé la
question, et ne jugeaient pas utile de provoquer un vote.

Depuis 1878, la suppression de toute clause favorisant la représentation des minorités, autrement que par une nouvelle répartition des sièges et des districts électoraux, est devenue une sorte
d'article de foi pour la grande majorité du parti libéral anglais,
actuellement au pouvoir. Tout récemment, la Conférence nationale
réformiste réunie à Leeds, où cinq cents associations libérales
étaient représentées, a voté une résolution dans ce sens à l'unani-
mité et sans discussion (2); de même, l'association libérale de
Bristol (3). Dans un meeting libéral tenu à Cannon-Street le
16 novembre 1883, M. Forster, ancien secrétaire d'État pour
l'Irlande dans le ministère Gladstone, hostile à la représentation
proportionnelle (4), a néanmoins déclaré que si, lors de la réforme
électorale, depuis si longtemps promise, on donnait cinq ou six

(1) En ce qui concerne spécialement les catholiques, sir G. Bowyer estimait
qu'avec les progrès de l'esprit public les dissidences religieuses s'effaceraient
devant les questions politiques; il n'y avait donc pas lieu, selon lui, de s'en
occuper.

(2) Le *Times*, 19 octobre 1883.

(3) Le *Times*, 15 novembre 1883.

(4) Probablement le système Hare.

députés à certaines circonscriptions, il y aurait lieu, dans l'intérêt des minorités et du pays, d'enlever à la majorité le pouvoir d'élire seule tous les représentants d'un même collège; M. Forster semble favorable au vote cumulatif. En déposant récemment à la Chambre des communes son projet de réforme électorale, M. Gladstone s'est déclaré hostile à tout système spécial tendant à la représentation des minorités; il a d'ailleurs ajouté que la question se poserait seulement lorsque le Parlement serait saisi d'un projet de remaniement des circonscriptions, et l'ajournement a été adopté d'un commun accord entre partisans et adversaires de la réforme (Communes, 17 juin 1881. La fondation récente, sous la présidence de Sir John Lubbock, M. P., d'une association de députés ayant pour but d'assurer la représentation des minorités ne permet en rien de préjuger le sort réservé aux propositions qui ne manqueront pas de se produire lors de la discussion du bill de remaniement des circonscriptions, discussion annoncée par M. Gladstone pour 1885.

II

SCHOOL-BOARDS

Le bill sur l'éducation élémentaire, devenu l'acte du 9 août 1870 (1), confiait dans chaque district scolaire, à un conseil élu, le soin de créer les écoles nouvelles dont le besoin se ferait sentir. Le gouvernement voulait faire élire ce conseil par l'assemblée municipale, mais sur la proposition de sir Ch. Dilke, il fut décidé que l'élection en serait faite directement par les contribuables. C'est au cours de la discussion de l'amendement Dilke, que lord Fréd. Cavendish fut amené à exposer ses vues au sujet de la représentation des minorités et à annoncer qu'il demanderait l'introduction du vote cumulatif dans l'élection des conseils scolaires.

Lord Fréd. Cavendish (2) ne se dissimulait nullement les préventions que rencontre en Angleterre la clause des minorités, mais il était frappé de cette considération que les objections qu'elle soulève pour les élections législatives n'ont aucune valeur quand il s'agit d'élections locales. Au Parlement en effet la multiplicité et la variété des collèges assure aux minorités une représentation qui,

(1) *Annuaire de législation étrangère*, t. I, 26.
(2) Communes, 4 juillet 1870; *Hansard*, t. CCII, col. 1400 et suiv.

pour n'être pas rigoureusement proportionnelle, n'en existe pas moins d'une façon satisfaisante. Mais dans une élection locale faite au scrutin de liste, si l'on n'adopte pas quelque mécanisme spécial, on est exposé à voir la minorité totalement exclue des affaires : tel est le cas pour les school-boards dans le projet du gouvernement.

Les conséquences peuvent être désastreuses, car, il ne faut pas se le dissimuler, ce sont des questions confessionnelles qui diviseront les électeurs en cette matière, et, si un school-board est exclusivement composé de membres appartenant à la même confession, les enfants de la minorité ne recevront pas dans les écoles, un traitement égal à ceux de la majorité. Supposez au contraire que la minorité ait accès au Conseil, les rivalités de secte seront apaisées ; toutes les confessions seront associées dans l'œuvre de l'extension de l'instruction, et chacune recevra satisfaction dans l'enseignement donné dans les diverses écoles. Pour obtenir ce résultat, le système le meilleur et le plus simple est le vote cumulatif. On peut sans doute objecter que ce système conduit nécessairement au renouvellement intégral des school-boards peu nombreux et au renouvellement annuel par moitié de ceux qui sont plus considérables. Mais qu'importe ? les conseillers sortants, dont le concours sera vraiment utile, se feront aisément réélire.

Lord Fréd. Cavendish avait nettement porté le débat sur le terrain religieux. M. Dixon l'y suivit pour combattre la clause des minorités. Si la mission du school-board est toute administrative, dit-il, la clause est inutile, car la question de confession sera toujours subordonnée aux capacités administratives des candidats. Si cette mission est aussi religieuse, l'amendement annoncé par lord Fréd. Cavendish n'aura d'autre effet que d'introduire dans le conseil scolaire des éléments de discorde ; plutôt que d'en arriver là, mieux vaudrait enlever au conseil toute compétence dans les questions confessionnelles.

Cet argument émut l'un des chefs du parti conservateur, sir Stafford Northcote.

« Si j'ai bien compris, dit-il, l'honorable membre, qui vient de parler, dit que la paix sera bien mieux assurée dans le sein du school-board par l'exclusion totale de la minorité. Mais nous n'avons pas seulement à nous préoccuper de rendre la vie agréable dans le conseil scolaire ; il nous faut constituer un corps qui représente exactement les opinions des intéressés, c'est-à-dire celles des contribuables en général, et surtout des parents. »

Quelques instants plus tard, après l'adoption de l'amendement Dilke, lord Fréd. Cavendish, proposa le texte qui est devenu parlie intégrante de l'article 29 de la loi (1). Soutenu par M. Forster, vice-président du comité du Conseil pour l'éducation, par MM. W. H. Smith et Fawcett, et par lord Robert Montagu, comme devant assurer une représentation équitable des intérêts confessionnels et permettre aux school-boards de suivre une politique de compromis et d'entente, l'amendement fut vivement combattu par MM. Assheton Cross, Vernon Harcourt et Jessel. Pourquoi, disaient ces derniers, pourquoi faire pour le school-board ce qui n'a été fait pour aucun autre conseil local? Pourquoi recourir à ces « méthodes fantastiques » en vue de gouverner l'Angleterre autrement que par l'antique loi des majorités? Le vote cumulatif est d'ailleurs absurde, parce qu'il considère chaque électeur comme trois ou quatre hommes réunis en un seul; il permet certaines combinaisons qui font élire la majorité des représentants par la minorité des électeurs. Son adoption compromettra le succès de la loi tout entière.

L'intervention de M. Gladstone, premier lord de la Trésorerie, détermina cependant le vote de la Chambre. Rappelant d'abord que, comme son collègue du ministère, M. Forster, il était opposé à la clause des minorités pour les élections législatives, il reconnut que la situation n'était pas la même pour les school-boards, et que peut-être y aurait-il lieu un jour d'examiner la question dans son ensemble au regard de toutes les élections locales.

« Aussi, poursuivait M. Gladstone, il conviendrait d'adopter le système proposé qui paraît le meilleur en matière d'éducation; peut-être même n'y a-t-il jamais eu un cas où il fut plus désirable et plus important de courir au besoin quelques risques pour assurer dans les conseils, la représentation la plus complète.....»

Malgré la réserve avec laquelle il accueillait l'innovation proposée, M. Gladstone y adhérait donc à titre d'expérience utile. L'amendement fut voté sans scrutin.

Dès l'année suivante, après les premières élections de conseils scolaires, M. Dixon, sur la demande de la Ligue nationale de l'éducation, proposa d'abroger dans l'acte du 8 août 1870 les dispositions relatives à la représentation des minorités, et de les remplacer par le sectionnement des collèges. Le débat eut lieu le 12 juillet 1871; le gouvernement s'abstint d'y prendre part.

Bien que l'expérience ait été courte, dit M. Dixon (2), elle a cependant suffi pour que l'opinion se prononçât contre le système

(1) *Hansard*, t. CCII, col. 1420 et suiv.
(2) *Hansard*, t. CCVII, col. 1525 et suiv.

du vote cumulatif. Partout le mal a été profond, et l'exemple de
Birmingham montre de quelle nature est ce mal. A Birmingham,
il existe deux grands partis, les non-sectairiens et les sectairiens,
respectivement représentés, dans les questions d'éducation, par la
Ligue et l'Union. La présence de catholiques romains et de wesleyens
trouble quelque peu l'équilibre de ces deux partis ; mais, dans
l'ensemble la Ligue et l'Union correspondent aux libéraux et aux
conservateurs. Or, aux dernières élections législatives générales,
les libéraux ont réuni 22.500 voix, les conservateurs 9.000, soit 5
contre 2. Avant l'élection du conseil scolaire, l'Union avait proposé
à la Ligue, pour éviter la lutte, d'élire 5 sectairiens et 10 non-sectairiens. Le jour du vote, il est arrivé que les conservateurs ont eu
10.000 voix au lieu de 9.000, les libéraux 19.000 dont 15.000 non-
sectairiens au lieu de 22.500. Comment expliquer ce résultat inat-
tendu? Les libéraux sont convaincus qu'il est dû à l'excitation
inusitée des passions religieuses et aux services rendus aux sectairiens par l'administration paroissiale. D'autre part, les non-sectairiens n'ont pas employé les mêmes armes, et, dans un district,
n'ont pas été suffisamment disciplinés. Le système du vote cumulatif n'a pas été compris par les électeurs les plus pauvres et les
plus ignorants, qui votent en général avec les libéraux ; en réalité,
dans bien des cas, les électeurs se sont vus par là privés de leur
droit de vote. Les non-sectairiens ont eu 15.000 voix, les sectairiens
10.000, les catholiques romains un peu plus de 3.000 ; au lieu
d'obtenir un nombre proportionnel de représentants, les premiers
en ont eu 6 au lieu de 8 qui devaient leur revenir, les seconds 8 au
lieu de 5, les derniers 1 au lieu de 2. Les candidats non-sectairiens
étaient cependant, au contraire de leurs adversaires, des hommes
très versés dans les questions d'éducation. Dira-t-on que les libéraux ont présenté trop de candidats et que là est la cause de leur
déboire? Mais ils avaient tout lieu de se croire autorisés à agir
comme ils l'ont fait; si le résultat a été mauvais, c'est que le système l'est, et vraiment l'avantage d'assurer aux catholiques l'accès
au conseil, alors qu'ils peuvent y faire de l'obstruction sans être
jamais assez forts pour y faire triompher leurs opinions, cet avantage ne contrebalance point les inconvénients signalés.

Si l'acte de 1870 n'assure pas une bonne représentation des contribuables, cela tient encore à un autre motif: le vote cumulatif
entraîne un grand gaspillage de suffrage. Pour élire Mlle Garrett à
Londres, et presque partout pour faire passer des catholiques, on
leur a donné deux fois plus de voix qu'il n'était nécessaire. Avec le
ballott le mal serait encore plus grand, et ne pourrait être évité

qu'en faisant agir l'électeur comme on manœuvre une marionnette, d'autant que les listes de candidats sont trop longues pour que l'électeur puisse voter en connaissance de cause. Enfin, au point de vue des mœurs politiques, l'effet a été déplorable : les questions religieuses ont noyé les questions d'éducation, et les divisions des partis se sont accentuées.

Ce qu'il convient de faire, concluait M. Dixon, c'est de remplacer le collège unique avec vote cumulatif par le système qui est généralement adopté dans les élections municipales : des sections élisant trois représentants avec renouvellement par tiers tous les ans.

M. Dixon ne rencontra d'autre appui pour sa proposition que celui de M. Vernon Harcourt qui, avec une certaine vivacité peu profitable à sa cause, reprocha au principe de la représentation des minorités d'être dirigé contre les libéraux et d'avoir une valeur purement philosophique, comme le vote des femmes, l'indemnité parlementaire, etc. Les adversaires de M. Dixon, MM. Collins, Morrisson, Nelly, Auberon Herbert, Baines, Winterbotham, les lords Fréd. Cavendish et Sandon, réunirent au contraire contre la proposition des arguments topiques et concluants.

Pour tous ces orateurs, une même considération de principe s'imposait : la nécessité d'assurer dans le sein du school-board une opposition qui empêchât la majorité de commettre des fautes (1). Allant plus loin encore, lord Fréd. Cavendish et M. Baines affirmèrent que dans certaines localités, à Leeds notamment, la loi de 1870 n'eût pu être appliquée si la minorité n'avait pas été représentée ; l'obligation de l'instruction primaire, que cette loi permettait aux conseils scolaires d'organiser, et que la plupart des grandes villes avaient adoptée, eût rencontré trop d'opposition sans le concours de la minorité à l'œuvre des conseils. Ainsi donc c'est dans l'intérêt même de la majorité qu'il convenait de maintenir le principe attaqué par M. Dixon, car le school-board ayant qualité pour faire des règlements, tous les partis doivent être admis à discuter ces règlements.

Quant aux arguments de fait présentés par M. Dixon, on reconnut que sans doute la représentation n'avait pas été exactement proportionnelle à la force des partis ; mais le fait fut attribué à la

(1) Cette idée se rattache étroitement à celle que nous avons déjà exposée, à savoir qu'au contraire du Parlement un conseil local ne compte pas des représentants de toutes les nuances d'opinions s'il est élu par un collège unique.

mauvaise organisation de ces derniers et à l'ignorance où ils étaient encore de la valeur de l'instrument placé entre leurs mains. Le gaspillage des votes existe (1), mais dans une faible mesure: à Manchester les élus ont eu 330,000 suffrages sur 399.000 (2), à Sheffield (3) les deux tiers, et de même à Lambeth. Pour Birmingham, il est vraiment étrange que les libéraux, ayant eu la moitié des voix, prétendent occuper tous les sièges. Partout enfin les résultats ont été satisfaisants : les théoriciens ont été éliminés et remplacés par des hommes pratiques ; les conseils scolaires valent toutes les autres assemblées locales ; ils ont véritablement géré dans l'intérêt de tous et non d'une coterie ; on peut même citer celui de Londres comme un modèle pour l'esprit de tolérance et de conciliation qui y règne.

Dès lors, pourquoi changer le système électoral ? Le sectionnement n'a point tous les avantages qu'on lui suppose : il donne la peinture d'une section, mais non point, disait M. Collins « la miniature de toutes les classes de contribuables ». A Birmingham, aucun catholique ne pourrait être élu ; ailleurs, aucun ouvrier, aucune femme ; ce serait grand dommage (4).

L'ajournement à trois mois, proposé par M. Collins, fut voté sans division.

Il semblait que la question fut définitivement résolue : elle se posa à nouveau en 1872 à propos du bill pour l'éducation en Écosse (5). Le projet du gouvernement reproduisait presque intégralement l'acte de 1870 pour l'Angleterre mais ne contenait point la clause sur les minorités. M. Forster s'expliqua sur ce point, en disant qu'il avait voulu laisser l'initiative à l'Écosse dont il ignorait les sentiments ; mais que du moment où les députés écossais proposeraient d'étendre à leur pays l'application du système anglais, il appuierait l'amendement sans vouloir cependant l'imposer à la Chambre. « Dans l'ensemble, ajoutait-il, je crois que l'effet de la clause des minorités a été de diminuer les difficultés plutôt que de les accroître ».

(1) M. Morrisson cita dans ce sens l'élection de M⁰ᵉ Anderson, à Marylebone, sans en donner les chiffres.

(2) 15 représentants, 44 candidats.

(3) 54 candidats.

(4) M. Auberon Herbert laissa entrevoir sa prédilection pour le vote préférentiel sur le vote cumulatif, mais, pour le moment, comme tous les autres orateurs dans le même sens, libéraux et conservateurs, il se contentait du système en vigueur.

(5) Communes, 6 juin 1872: *Hansard*, t. CCII, col. 1299 et suiv.

Un amendement reproduisant les termes de l'article 20 de l'acte de 1870 avait été en effet déposé par sir Edw. Colebrooke, et soutenu par MM. Sinclair, Ayton, R. W. Duff, Graham, sir J. Hay et lord Edw. Fitzmaurice, au moyen des mêmes arguments qui avaient prévalu dans la Chambre en 1870. Sans une disposition de ce genre, disaient ces orateurs, toutes les écoles d'un district seront d'une même confession ; la minorité ne doit pas gouverner, mais elle doit être entendue ; en Écosse, il existe des catholiques, des épiscopaux qui, malgré les services rendus par eux à la cause de l'éducation populaire, risqueraient fort d'être éliminés des conseils par la majorité presbytérienne, au grand détriment de l'œuvre entreprise; tant que l'on n'aura pas supprimé l'enseignement religieux dans les écoles, ajoutait M. Graham, il faudra assurer des sièges de conseillers scolaires aux représentants de toutes les confessions; et pour prouver que le vote cumulatif ne permet pas à des minorités trop infimes de faire triompher leurs candidats, lord Edw. Fitzmaurice cita le cas de sa propre défaite aux élections pour le school-board de Londres.

Les adversaires de l'amendement Colebrooke, MM. Dixon, Mac-Laren, Craufurd et Anderson, reproduisirent également les arguments des débats précédents : la religion ne doit pas entrer en jeu dans les luttes électorales pour les conseils scolaires; d'ailleurs un grand nombre de catholiques et d'épiscopaux sont assurés d'être élus sans qu'il soit besoin de leur ouvrir une porte réservée; l'acte de 1870 a créé de grandes division en Angleterre ; l'expérience a été maladroite et il serait mauvais de l'étendre. Le seul fait remarquable dans cette discussion fut l'opposition de M. Craufurd, qui, bien qu'appartenant à l'église épiscopale, la plus intéressée à la réforme, semble-t-il, s'éleva avec énergie contre la proposition de sir Edw. Colebrooke qu'il qualifia de « flétrissure » pour la population écossaise.

Mais une considération l'emporta sur toutes les autres : pourquoi faire à l'Écosse une situation différente de l'Angleterre ? L'amendement fut soumis à une division et réunit 162 voix contre 36.

III

L'administration municipale d'un bourg anglais se compose d'un conseil élu par les contribuables, soit en général par quartier (*wards*), soit avec unité de collège ; le conseil élit à son tour un maire et plusieurs *aldermen*, qu'il peut prendre dans son sein ou en dehors parmi les personnes éligibles aux fonctions de conseillers (1). Par exception, dans la cité de Londres, les aldermen sont élus par chaque quartier. Mais, dans les municipalités de province, ils sont toujours élus par le conseil, si bien que la minorité de ce dernier ne réussit pas en général à être représentée parmi eux proportionnellement à son importance ; bien plus, la faculté qu'a la majorité de prendre en dehors du conseil des aldermen qui auront ensuite droit de vote dans l'assemblée municipale est pour elle un moyen d'opprimer plus sûrement la minorité en s'adjoignant de nouvelles recrues (2).

Le 22 avril 1872, à la Chambre des Communes (3), au cours de la discussion d'un bill modifiant certains détails de la législation municipale, M. Collins appela l'attention du gouvernement sur ce point et déposa une motion tendant à appliquer le vote cumulatif à l'élection des aldermen, le système actuel ne lui paraissant pas assurer une bonne représentation des villes. A l'appui de cette proposition, M. Wheelhouse cita le cas de Leeds où, depuis la loi municipale de 1832, aucun conservateur n'avait pu être élu aux fonctions de maire ou d'alderman. A défaut d'élection des aldermen par quartier, comme à Londres, il fallait donc recourir au vote cumulatif pour empêcher l'abus du pouvoir de la majorité. MM. Bruce, Gourley et Carter ayant fait sommairement remarquer que cette observation n'avait aucun rapport avec le bill en discussion, la motion fut retirée par son auteur et n'eut pas d'autre suite.

En 1874, M. Heygate déposa à la Chambre des Communes une

(1) La loi municipale du 18 août 1882 a confirmé et coordonné sur ce point diverses dispositions des lois de 1835, 1872, 1875 et 1878. Voir sur la loi de 1882 une intéressante étude de M. A. Dehaye, *Annuaire de législation étrangère*, t. XII, p. 103.

(2) Nous croyons inutile d'entrer dans le détail d'une discussion qui eut lieu le 27 juin 1836 à la Chambre des lords (*Hansard*, t. XXXIV, col. 920 et suiv.). Un désaccord profond s'étant manifesté entre les deux Chambres du Parlement au sujet de la loi municipale pour l'Irlande, lord Grey suggéra comme terrain de transaction l'institution du vote limité sur la base des cinq huitièmes dans l'élection des *conseillers*. Il ne formula pas de proposition ferme, et sa suggestion, assez bien accueillie par un ou deux orateurs, ne donna pas lieu à un débat spécial. Lord Grey s'était inspiré d'une disposition contenue dans un bill qui devait être présenté à la Chambre des communes, relatif aux legs de charité : cette disposition disait que les électeurs ne pourraient voter que pour la moitié des *trustees* à élire.

(3) *Hansard*, t. CCX, col. 1617.

proposition autorisant les conseils municipaux à employer le vote cumulatif pour l'élection des aldermen, mais il ne put obtenir la mise à l'ordre du jour. L'année suivante il reproduisait cette proposition qui vint en discussion le 14 juillet (1). Cette fois le débat fut approfondi.

Ce n'est point ici une question de parti, dit en débutant M. Heygate; le vice qu'il convient de réformer dans l'organisation actuelle de la représentation municipale, intéresse également toutes les opinions. Pour les conseillers, l'élection se fait en général par quartier, et chaque quartier est ainsi représenté par des hommes de son choix: sur ce point, rien à changer. Mais pour les aldermen qui sont élus par l'ensemble des conseillers, la minorité est certaine de n'en pouvoir élire aucun: les aldermen ne représentent pas exactement le sentiment public, et comme chacun d'eux est appelé à administrer un quartier, il arrive fréquemment qu'un quartier représenté par des conseillers qui sont en minorité dans le conseil, se voit imposer un alderman d'opinions contraires aux siennes. De plus, l'assemblée municipale étant soumise au renouvellement partiel, il se produit parfois ce fait que les aldermen, élus par la majorité de la veille, votent avec la minorité d'aujourd'hui et forment ainsi une majorité absolument factice. Cette situation est d'autant plus dangereuse que les élections municipales deviennent de jour en jour plus politiques.

Trois moyens se présentent pour remédier au mal. Le premier est de faire élire les aldermen par les électeurs de chaque quartier; ce système est en vigueur dans la cité de Londres et la proposition n'y change rien (2). Le second consisterait à les faire élire pour chaque quartier par les conseillers de ce quartier: on peut objecter que dans ce cas, le nombre des électeurs serait trop peu considérable. Le troisième enfin est de maintenir l'élection par l'ensemble du conseil, mais avec le vote cumulatif: par ce moyen, la représentation des électeurs sera exacte, et l'on ne saurait dire que la loi des majorités sera violée, car le vote cumulatif n'a nullement pour résultat de transférer à la minorité le pouvoir légitime de la majorité, mais de lui donner la part d'influence à laquelle elle a droit.

De nombreux orateurs prirent la parole dans le même sens, parmi lesquels MM. Assheton, Morley, Tennant, Earp, Wheelhouse, Serjeant Spinks et Rathbone. Divers faits curieux furent produits au

(1) *Hansard*, t. CCXXV, col. 1425 et suiv.

(2) M. Heygate ne dit pas pourquoi il ne propose pas simplement l'extension de ce système.

débat: à Bristol, où les conservateurs ont une voix de majorité dans
le conseil, les 16 aldermen sont conservateurs; à Leeds, où il y a
50.000 électeurs et quarante-huit conseillers, un seul alderman sur
16 est conservateur; partout enfin un parti politique monopolise
les élections. Qu'en résulte-t-il ? le grand principe que le contri-
buable doit être représenté est outrageusement violé, et si capable
que soit un homme d'administrer les affaires municipales, il n'en-
trera pas dans le corps des aldermen pour peu qu'il fasse partie de
la minorité politique.

Quant aux remèdes à ces abus quelques divergences se manifes-
tèrent entre les partisans de la proposition Heygate: les uns parlaient de supprimer les aldermen et de confier leurs fonctions aux
conseillers ayant obtenu le plus de voix; d'autres parlaient d'étendre
le système électoral de Londres; d'autres enfin préféraient ouvertement le principe de la représentation des minorités, mais sans se
montrer très ardents en faveur du vote cumulatif qu'ils considé-
raient comme un instrument assez imparfait. Avec la représentation
des minorités, disait M. Rathbone, chaque parti ayant la faculté de
choisir un nombre de représentants proportionnel à sa propre
importance, choisira nécessairement les plus dignes; la mesure est
conservatrice, car elle est un obstacle aux grandes fluctuations
électorales; elle est aussi libérale, car elle assure la représentation
de chaque portion de la communauté; enfin son application est
facile dans les élections secondaires. Mais pour tous les orateurs,
pour M. Heygate lui-même, il s'agissait bien moins d'obtenir un
résultat immédiat que de saisir le gouvernement et l'opinion de la
question.

MM. Dodds, Rowley Hill, Dixon et Newdegate s'élevèrent avec
vivacité contre la proposition Heygate. Plusieurs d'entre eux
voyaient la véritable solution des difficultés pendantes dans la suppression des aldermen, d'autres dans leur élection par les contribuables. De nombreux arguments furent néanmoins apportés contre
le principe même de la représentation des minorités et en particulier contre le vote cumulatif.

M. Dodds contesta d'abord énergiquement cette assertion de
M. Heygate que les élections municipales prennent chaque jour un
caractère politique plus accentué et que les partis ne sont pas exactement représentés dans les assemblées municipales; il cita plusieurs cas de villes où la majorité des électeurs étant notoirement
libérale, celle des aldermen était cependant conservatrice. L'opinion
n'est pas favorable à la réforme proposée, poursuivait-il, parce qu'elle
permettrait à la minorité du conseil d'élire des personne qui n'au-

raient jamais osé affronter le suffrage des électeurs. L'expérience du vote cumulatif dans l'élection des school-boards n'a pas été assez satisfaisante pour qu'on songe à l'étendre. D'ailleurs la réforme, d'après les termes de la proposition Heygate, n'est que facultative pour les municipalités: c'est trop ou pas assez, et l'on aurait dû commencer par donner le vote cumulatif aux électeurs avant de le donner au conseil. Enfin, quant au principe même actuellement en jeu, l'on ne peut que se reporter aux déclarations faites en 1867 par M. Disraëli, chancelier de l'Échiquier, au sujet d'une proposition de M. Lowe. Cette réforme, disait-il alors au nom du gouvernement, rendrait la représentation « stagnante » et par conséquent le pouvoir exécutif faible.

Ce fut surtout le vote cumulatif qui fut l'objet des attaques les plus répétées. M. Newdegate, partisan de la représentation des minorités, se prononça contre la proposition actuelle, parce que, selon lui, le vote cumulatif appliqué aux élections pour les school-boards avait donné les plus mauvais résultats : il permet aux minorités infimes d'être représentées, et cela souvent par de simples obstructionnistes (1); il empêche enfin les courants profonds dans la masse électorale.

Un point sur lequel tous les orateurs, partisans et adversaires de la proposition, étaient pleinement d'accord, c'est que la question n'était pas encore suffisamment mûre. Le sous-secrétaire d'État pour l'intérieur, sir Henry Selwin-Ibbetson (2), fit valoir cette considération pour s'opposer à l'ajournement demandé par M. Dodds et réclamer la question préalable. Sans doute, disait-il, il convient d'enlever tout caractère politique aux élections municipales, mais « je ne suis pas disposé à dire que la Chambre soit assez bien informée pour justifier la croyance qu'en adoptant le système proposé on porterait au mal un coup suffisant. » A part le vote cumulatif employé dans les élections scolaires et le vote limité en usage dans les collèges législatifs élisant trois députés, il n'y a point de précédents, et les partisans du principe ne sont pas d'accord sur les moyens. L'opinion ne s'est pas encore prononcée; le gouvernement considère que la question mérite une attention sérieuse, mais qu'elle exige un complément d'études.

---

(1) M. Rowley Hill parla sans la nommer d'une ville où un ancien juge de paix, condamné à six mois de prison pour voies de fait s'était fait élire au *school-board* en tête de la liste; une fois dans le conseil, il s'était conduit de telle façon que tous ses collègues avaient dû donner leur démission.

(2) Le cabinet conservateur était alors présidé par M. Disraëli.

MM. Heygate et Assheton Cross se rallièrent à ses observations, tout en faisant remarquer qu'il était peu probable que les municipalités pétitionnassent en faveur de leur propre réforme. La question préalable fut votée sans division.

Depuis 1875, aucun débat ne s'est produit au Parlement anglais sur la représentation des minorités en matière municipale. La discussion de la loi du 18 août 1882 n'a donné lieu à aucune proposition analogue à celle de M. Heygate, et l'élection des aldermen est demeurée régie par les anciennes règles.

STATUTS DE LA SOCIÉTÉ

POUR

L'ÉTUDE DE LA REPRÉSENTATION PROPORTIONNELLE

ARTICLE PREMIER. — Il est fondé à Paris une Société pour l'étude des questions de représentation proportionnelle.

ART. 2. — L'objet de la Société est d'étudier ce qui a été dit ou fait dans les différents pays pour l'application du principe de la représentation proportionnelle aux élections politiques ou non politiques — de faire connaître les systèmes proposés en vue de rendre la représentation aussi fidèle que possible — d'analyser les débats parlementaires auxquels ces systèmes ont donné lieu et d'exposer les modifications réalisées dans la législation des pays étrangers ainsi que les effets qu'elles paraissent avoir produits.

La Société exclut les questions relatives à l'électorat et s'interdit toute action politique.

ART. 3. — Elle est dirigée pendant la première période triennale par un Comité de membres fondateurs composé de :

MM. GEORGES PICOT, *Président*,	MM. FERNAND DAGUIN,
MAURICE VERNES, *Secrétaire*,	ALBERT GIGOT,
AUBRY-VITET,	ANATOLE LEROY-BEAULIEU,
BEAUSSIRE,	CHARLES LYON-CAEN,
BOUTMY,	PERNOLET.
BUFNOIR,	

ART. 4. — Avant l'expiration de la troisième année, le comité proposera à l'assemblée des statuts définitifs.

ART. 5. — La Société se compose de membres qui versent une cotisation annuelle de 10 francs.

ART. 6. — L'admission des nouveaux membres est prononcée par le comité de direction.

ART. 7. — La Société tient chaque année une assemblée générale.

N. B. — Les communications doivent être adressées à M. Maurice Vernes, Secrétaire de la Société, rue Fortuny, 33, Paris.

Paris. — Imprimerie C. Marpon et E. Flammarion, rue Racine, 26.